ROMPIENDO
LAS
BARRERAS DEL SILENCIO

Copyright © **Yurlandy Hidalgo Arce**
Título original: Rompiendo las barreras del silencio
ISBN 9798416429447
Segunda edición. Agosto de 2023
Sello**:** Independently published
Prohibida toda copia parcial o total de este libro

ROMPIENDO
LAS
BARRERAS DEL SILENCIO

De la mano con los sordos
en su mundo y su realidad

Yurlandy Hidalgo Arce

DEDICATORIA

A Dios por darme la sabiduría, inspiración y fuerza para salir adelante en esta aventura con las personas sordas.

A ti querido lector y a todas aquellas personas sordas y no sordas del Ministerio **"Rompiendo las Barreras del Silencio"** *quienes con amor se han comprometido a descubrir más del mundo del sordo y a romper barreras de manera integral.*

ÍNDICE

PRÓLOGO ———————————— 1

SOBRE LA AUTORA ———————— 3

INTRODUCCIÓN ————————— 5

CAPÍTULO I ——————————— 9
INICIOS

¿Cómo nació Rompiendo las Barreras del Silencio? ———— 10

Motivación e inspiración ———————— 21
El amor por las personas sordas ————— 22

CAPÍTULO II —————————— 26
CONOCIENDO EL MUNDO DE LA PERSONA SORDA

¿Quiénes son las personas sordas ———— 27
Forma correcta de comunicarse con una persona sorda ———————————— 34

CAPÍTULO III ————————— 38
EL TRABAJO CON LOS SORDOS EN EL MINISTERIO

Experiencia y crecimiento ministerial ——— 39
Retos que enfrentamos ———————— 41
Las actividades son importantes para los sordos ———————————————— 55

CAPÍTULO IV —————————— 59
NOSOTROS LOS SORDOS

¿Qué historias marcaron nuestras vidas? —60

¿Qué es la cultura del sordo? —69

La educación del sordo en Costa Rica —78

CAPÍTULO V —88
LA SORDERA

¿Qué es la sordera? —89

Causas de la sordera —90

Factores de riesgo de la sordera —91

CAPÍTULO VI —94
CÓDIGO DE ÉTICA

¿Qué es el código de ética? —95

¿Qué es un intérprete de lengua de señas? —96

LA LEGISLACIÓN —102

AGRADECIMIENTOS —106

BIBLIOGRAFÍA —108

¡TIENES QUE SER SORDO PARA —110
COMPRENDER!!

PRÓLOGO

Quizás nunca se ha detenido a reflexionar cómo sería su vida sin poder oír, quizás nunca se ha preguntado cómo es la vida de una persona con discapacidad auditiva que habita en ese universo ignoto para usted, donde el idioma es el lenguaje de las señas y los signos; probablemente usted no tiene idea del mundo en el cual vive una persona sorda reclutada en un agudo silencio (más allá de si puede percibir hasta cierto punto sus frecuencias) exento del sonido...No conoce su intensidad, su altura, su timbre, su duración y su tono.

Quienes nacieron con sordera total, no escucharon la voz de sus padres, no escuchan cantar a los pájaros, no se deleitan con la belleza de una melodía, incluso, si al percibir las vibraciones a través de sus cuerpos puedan de algún modo disfrutar de ello. Tal vez nunca se ha puesto a pensar en profundidad lo radicalmente diferente que son sus vidas a la suya y lo excluidos que se encuentran de la sociedad, ni siquiera sabe usted qué debates y acciones existen sobre su inclusión. Sin embargo, usted se ha interesado en leer este libro, algo lo impulsó a adquirirlo, quizás, por fortuna alguien se lo obsequió y decidió abrir la puerta a través de estas páginas para entrar en un mundo totalmente desconocido o quizás de una manera directa o indirecta ya usted sabía varios aspectos sobre la "cultura" de las personas sordas.

Hay quienes sintieron el llamado de ayudar a las personas sordas y visibilizaron desde una perspectiva cristiana, de fe y de amor al prójimo el ser su voz y darles un lugar. Dios mismo es el faro que guio el camino que se tomaría para hoy ver tangible ese sueño. Se trata de una declaración de amor en la cual el propósito definió la ruta. Precisamente de esto trata el libro **"Rompiendo las barreras del silencio"** es un comunicado, una invitación, un llamado, con un profundo deseo que nace desde el alma, para todos aquellos que desean sinceramente contribuir con un granito de arena en esta obra o simplemente desean conocer un poco más sobre ellos: "los sordos". La intención de este libro es dar a conocer a más personas sobre nuestra maravillosa misión, haciéndoles tomar conciencia a través de contarles de qué manera y el porqué surge este proyecto, esta visión y cómo Dios mismo fue orquestándolo todo para que, lo que en un momento fuera solo una ilusión hoy sea una realidad.

La **sordera** o **hipoacusia** es la incapacidad total o parcial para escuchar sonidos en uno o ambos oídos. Comúnmente, se habla de sordera desde una perspectiva más social que científica. Desde un aspecto más técnico, existe una gran diferencia entre sordera e hipoacusia, ya que el primer concepto es un estado de pérdida auditiva completa o muy profunda, mientras que la hipoacusia corresponde a las causas, síntomas y también a sus posibles soluciones.

Esta discapacidad puede suponer un impedimento de desarrollo personal y por supuesto profesional para aquellos que tienen este padecimiento, no obstante, cada uno de nosotros puede ser portador de esperanza para reivindicarlos y ayudarlos a transformar esta discapacidad en un impulso para encontrar esa voz elocuente dentro de ellos mismos que les motive a lograr sus sueños, esa voz que les dice: "Esfuérzate y sé valiente", "He aquí yo estoy contigo todos los días hasta el fin del mundo".

SOBRE LA AUTORA

Licda. Yurlandy Hidalgo Arce

Yurlandy Hidalgo Arce, nacida en Costa Rica, es Licenciada en *Ciencias de la Educación Preescolar* e *Intérprete de Lengua de señas*. En la actualidad se desempeña en diferentes ámbitos a nivel de interpretación en universidades públicas y privadas, así como también en instituciones públicas a nivel nacional, de igual manera en medios de comunicación como Teletica, el Canal de la UCR, SINART y en diferentes spots publicitarios. Por más de nueve años ha trabajado en el Instituto Nacional de Aprendizaje (INA) realizando la labor de intérprete en programas de estudio técnico completos.

En 1991 fundó junto a su madre el proyecto *"Rompiendo las Barreras del Silencio"* dirigido a personas sordas y en 2016 fundó la *"Asociación Comunidad de Personas Sordas para la Innovación" (ASCOPSI)* ambas organizaciones creadas para luchar por la condición y los derechos de las personas con discapacidad auditiva; esta última fue el impulso que dio origen a un proyecto de Ley a nivel nacional a favor de las personas sordas, dicho proyecto de ley fue aprobado el año 2020.

A partir del 2019 la Licda. Yurlandy Hidalgo Arce labora como intérprete oficial en el primer poder de la República de Costa Rica, la Asamblea Legislativa.

Su lucha por reivindicar el valor y derechos ciudadanos a la población sorda de Costa Rica, siempre ad honorem y con absoluta disponibilidad, le ha dado un estatus de preponderancia y reconocimiento, tanto en el gremio de intérpretes de LESCO como entre los ciudadanos sordos.

Licda. Yurlandy Hidalgo Arce

INTRODUCCIÓN

Ezequiel 11:19-20 19

"19. Yo les daré un corazón íntegro, y pondré en ellos un espíritu renovado. Les arrancaré el corazón de piedra que ahora tienen, y pondré en ellos un corazón de carne, 20. para que cumplan mis decretos y pongan en práctica mis leyes. Entonces ellos serán mi pueblo, y yo seré su Dios"

Así como en esta profecía dada a la nación de Israel en el tiempo en el cual se encontraba cautiva, sometida a la esclavitud del Imperio Babilónico, Dios le habla a su pueblo con misericordia y con promesas plenas de su bondad, Él nos habla también a cada uno de nosotros y habla con voz clara y audible al corazón de los sordos, quienes no están exentos de estas promesas, Dios les dará un nuevo corazón, firmemente adherido para Él, no titubeante, es decir, un corazón virtuoso con un espíritu renovado, un espíritu dócil y obediente, un corazón sensible y dispuesto para hacer su voluntad, así mismo como le da un camino nuevo. ***Ezequiel 11:19; Jeremías 32:39 y Jeremías 24:7.*** A todos los que Dios santifica les da un nuevo espíritu, un nuevo temperamento y disposición para obedecerle, actúan desde nuevos principios, siguen nuevas reglas y apuntan a nuevos fines.

Un nuevo nombre, un nuevo rostro o cuerpo, no servirían sin un nuevo espíritu; si Cristo vive en nuestro corazón, somos una nueva criatura, el corazón del hombre que no conoce a Cristo, está endurecido. En este contexto Dios hace referencia a un corazón de piedra y a un corazón de carne, en el cual se albergan nuestros pensamientos, intenciones y actitudes. Dios se refiere a la mente del hombre y a su intelecto en general y establece un contraste entre esas dos fases de nuestro corazón: **el de piedra y el de carne.**

El corazón de piedra es tozudo, arrogante y soberbio, insensible y lleno de sí mismo, no quiere escuchar la voz de Dios, se haya endurecido a causa de las vivencias dolorosas que ha tenido que afrontar incluso desde antes de tener la capacidad de comprender; el corazón de piedra es obstinado y escoge sus propios caminos y anda entre los muertos. Por otro lado, el corazón de carne es dócil, sensible, sumiso y obediente, es el que sigue el camino señalado por su creador, es el que decide agradar a Dios y responde correctamente a su deseo.

Dios promete arrancar el corazón de piedra para poner en su lugar un nuevo corazón, un corazón de carne, así recibir sus decretos para cumplirlos y practicar sus leyes: esta es la obra de Dios, es su regalo por promesa, un regalo que produce gozo y nos da la posibilidad de un cambio maravilloso y feliz, de la muerte a la vida. *Jeremías 31:33; 2 Corintios 5:17*, sus prácticas deberán estar de acuerdo con esos principios, estos dos deben y van a ir juntos.

Cuando el pecador sienta la necesidad de estas bendiciones, permítale presentar las promesas como oraciones en nombre del Cristo, se llevarán a cabo. *Ezequiel 11:20*, el relato aquí presentado del cambio moral y espiritual que se propone realizar en Israel responde exactamente a lo dado en el Nuevo Testamento de la regeneración del alma individual *Juan 3:3-43; Romanos 8:2; Romanos 8:5; Romanos 8:9; Gálatas 5:22; Tito 3:5; 3:6; 1 Pedro 1:2*

Estandarte del Ministerio "Rompiendo las Barreras del Silencio"

Ezequiel 11:19-20; 36:26

ROMPIENDO LAS BARRERAS DEL SILENCIO

De la mano con los sordos
en su mundo y su realidad

CAPÍTULO I
INICIOS

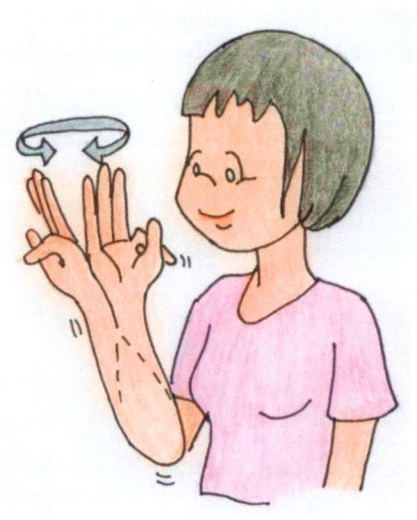

TESTIMONIO

¿Cómo nació "Rompiendo las Barreras del Silencio?

Esta misión con los sordos de nuestro país Costa Rica, se inició el año 1991, en el cantón de Alajuelita, provincia de San José, en el seno del hogar de la familia Hidalgo Arce. Surge como un ministerio dirigido a las personas con discapacidad auditiva total, con la finalidad de ofrecer a la comunidad sorda un espacio en el cual fuera recibida y aceptada sin prejuicios sociales, de manera que pudieran potenciar sus capacidades en pro de la mejora integral en el ámbito espiritual, educativo, emocional, social, económico, laboral, familiar y moral, fomentando de esta manera las oportunidades de integrarse a la vida en sociedad y a la vez promoviendo los valores cristianos en diferentes espacios: familiares, sociales, laborales, entre otros.

Este ministerio fue iniciado por mi madre, Carmen Arce, fundadora del Ministerio y por mi persona la Licda. Yurlandy Hidalgo, intérprete de la lengua de señas costarricense (Lesco) y docente en **Ciencias de la Educación Preescolar**, quienes con mucho esfuerzo y amor hemos dedicado nuestra vida a este ministerio de sordos.

La historia comienza, cuando un vendedor ambulante llega a casa de mi madre y le vende un calendario que incluye el **"Abecedario en Lengua de Señas Costarricense"** (Lesco), esto inmediatamente captó su atención, al observar en detalle aquellos signos hechos con las manos avivó un palpitar inquieto en su corazón, diciendo lo siguiente de forma espontánea, como desarrollando ya en su interior esta misión: **"Cómo me gustaría aprender esta Lengua para predicar la palabra de Dios a estas personas"**…Con certeza desde ese momento Dios ya estaba sembrando un anhelo en su corazón y su mente, de esta manera se propuso a orar por la población sorda y pegando este calendario en la puerta de su dormitorio, comenzó de forma intensiva y constante a orar para que el mensaje de salvación del Evangelio de Jesucristo llegara a los sordos. Mi madre en su momento devocional diario con el Señor tenía en mente a los sordos, aún sin conocer a uno solo de ellos, pedía a Dios con gran pasión y amor.

Posteriormente comenzó a orar pidiendo a Dios que abriera puertas para poder aprender la lengua de señas y comunicarse con los sordos y de esta manera poder servir a esta comunidad. Aproximadamente un año después de la compra del calendario, la hermana de mi madre, mi tía

Cecilia, sin tener noción de los acontecimientos con relación al interés de mi madre por los sordos, la llamó para contarle y preguntarle su interés sobre tomar un curso gratuito de Lesco que se impartiría en la iglesia cristiana *"Oasis de Esperanza"* ubicada en aquel entonces en la ciudad de Moravia, al noreste de San José, impartido por Lilliana Porras, una profesora sorda, mi madre motivada por el deseo que ya se había gestado, me involucró en ello y yo gustosa decidí asistir al curso junto con ella. De esta manera comenzamos a tener contacto con personas sordas, que luego serían asiduas visitantes de la casa de mi madre donde yo vivía en aquel entonces.

De entre ellos, varios sordos decidieron asistir al curso de Lesco con nosotras hasta su culminación. Y así, motivadas y agradecidas con Dios por la oportunidad de aprender esta lengua y al ver la gran necesidad de las personas sordas por asistir y conocer sobre la palabra de Dios, se formó el Ministerio *"Rompiendo las Barreras del Silencio"* que se inicia con 34 jóvenes adultos sordos, incluyendo a algunos de sus padres que también decidieron apoyar el ministerio, junto con sus hijos sordos pequeños (de 3 a 12 años). Al cabo de varios meses este pequeño grupo creció de forma considerable, agrupándose con la comunidad de Alajuelita a través de diversas actividades sociales.

El nuestro se estaba ya perfilando como un ministerio cristiano que trabajaría con personas sordas, no solamente de la ciudad de Alajuelita, sino de otros lugares del Valle Central, con el objetivo de dar apoyo a esta población en diferentes áreas, incluyendo la enseñanza de la Biblia, consejería, asesoramiento a las familias y apoyo socioeconómico en la medida de las posibilidades.

Con las frecuentes visitas de los sordos a nuestro hogar de entonces, se dio un crecimiento inicial y con el mismo, surgieron nuevas necesidades y el compromiso de luchar por los derechos de las personas sordas y de brindarles el amor y la fraternidad que muchos de ellos necesitaban.

Hacia 2023, treinta años después, este ministerio se encuentra activo, enriquecido con tantas vivencias con la comunidad sorda y en tantas facetas, que sentí la imperiosa necesidad de compartir nuestra experiencia y testimonio a través de este libro, no solamente para aquellas personas que deseen trabajar en las misiones y ministerio con los sordos en sus iglesias u organizaciones, sino también para las familias de los sordos y para aquellos qué, en general, quieren conocer el mundo de estas personas con carencia auditiva.

Nuestro objetivo principal ha sido que las personas sordas puedan desarrollarse, capacitarse y potenciar sus facultades intelectuales como: la percepción, la voluntad, la imaginación, la memoria, la intuición y la razón, tanto como todos los aspectos que contribuyan a su crecimiento espiritual con una base cristiana en pro de su mejora integral.

Desde el momento en el cual empezamos a involucrarnos con ellos, todo en nuestra vida familiar, personal y profesional cambió; como en un abrir y cerrar de ojos, nos encontrábamos ya en algo que vino específicamente de Dios, Él con un propósito claro nos inquietaba a seguir este camino sin conocer y saber hacia dónde íbamos y cuál era el plan maravilloso que tenía. Su llamado directo a trabajar con personas sordas fue algo milagroso. En Costa Rica, en ese tiempo, no existía información alguna que le guiara a uno cómo era esto de las personas sordas, no era común ver en una pantalla de televisión en la esquina inferior derecha de la misma un recuadro de una persona intérprete de Lengua de señas, ni había mucho conocimiento de esta forma de comunicación; las pocas escuelas o instituciones que daban la educación a las personas sordas en su mayoría eran instituciones que aplicaban el método oral. Además, no se favorecía el uso de las señas para que se comunicaran.

Entonces, la educación para las personas sordas era muy escasa y muchos sordos fuero víctimas de la discriminación, la falta de comunicación y la carencia de espacios para expresar sus necesidades al moverse en un sistema no adecuado para ellos y sobre todo que los invisibilizaba por completo, provocando que sus derechos como persona fueran constreñidos de múltiples y dolorosas formas.

El aprender la lengua de señas en esa capacitación con una profesora sorda, además de la interacción ya mencionada con sordos, nos dio claridad sobre las necesidades reales de esta población. Aún conservo en mi memoria los primeros días en la cual asistíamos a las clases de

y mi madre y yo solo conocíamos a una persona sorda. nuestra profesora, pero al poco tiempo, naturalmente, comenzamos a ver a nuestro alrededor que había más personas sordas, en nuestro barrio o en el autobús de regreso a casa; muchas veces sentimos el toque de uno de ellos en el hombro llamando nuestra atención y preguntándonos si éramos sordas. Como estábamos iniciando en el aprendizaje de la lengua, no teníamos fluidez para comunicarnos, de alguna manera les hacíamos ver que no éramos sordas y que solo estábamos empezando a aprender las señas.

Curiosamente, después de dos meses de haber iniciado, varias de esas personas sordas se contactaron con nosotras y en una ocasión, cuando regresábamos del curso de Lesco en la noche, se bajaron del autobús para acompañarnos hasta nuestra casa y saber dónde vivíamos. No nos percatamos en ese instante, ¡pero era el inicio de nuestra aventura! Al poco tiempo teníamos más de 34 personas sordas que nos visitaban en casa constantemente, algunos porque se sentían acogidos y entendidos, otros llegaban por ayudas específicas como: familiares, personales, laborales y de otra índole. Nuestro hogar se convirtió en el punto de referencia para ellos en aquel momento, al punto de llegar a involucrarse toda mi familia con ellos, lo cual fue fascinante, no fue algo que buscamos. Los acogimos como parte de nuestra familia y era habitual que nos visitaran trayendo pan u otras cosas para desayunar en nuestra casa. Muchos de ellos viven en nuestra misma ciudad de Alajuelita, otros viajan desde lugares bastante más lejanos para participar en este ministerio, conocernos y compartir. Sin embargo, a no contar con un espacio físico adaptado y destinado para este trabajo específico, era complicado trabajar simultáneamente con esta cantidad de sordos. La mayoría traían, por así decirlo, su "canasta" de problemas particulares, entre ellos uno muy común era no contar con un trabajo estable, se requería de opciones para poder apoyarles inclusive en el ámbito financiero. Eso nos llevó a tomar decisiones para poder hacer algo más por ellos.

Muchos sordos no podían comunicarse fluidamente ni siquiera en lengua de señas, un gran porcentaje eran analfabetas, otros con condiciones socioeconómicas paupérrimas, e incluso muchos de ellos ni siquiera conocían sus nombres o el parentesco de los miembros de sus familias.

La comunicación en sus hogares era con señas caseras, o código señado casero que es el sistema de comunicación gestual desarrollado por un sordo que no posee un modelo de lengua en la familia, son inventadas en sus entornos familiares para poder darse a entender. Tenían un gran desconocimiento del mundo y de cosas que para muchas personas oyentes resultan simples y lógicas, pero que a ellos el descubrirlas en algún momento resultaba impactante. Su mundo era completamente distinto, con pocas oportunidades para hacer vida social y surgir, para acceder de forma integral al sistema educativo, el poder comunicarse oralmente era algo excepcional o nulo para la mayoría. Aquello era sorprendente y a la vez doloroso. Al entender esta necesidad, mi madre, impulsada por las clases de Lesco que estaba recibiendo, comenzó a confeccionar láminas didácticas ilustradas para poder enseñar a los sordos a leer, escribir y aprender la Lesco; este material, hecho hacia inicios de los años noventa y uno, aún se conserva íntegro.

Láminas didácticas elaboradas por mí madre.

Tengo en mi memoria reuniones con cinco o seis sordos, en las cuales mientras mi mamá les hacía café o les preparaba una merienda, ellos se sentaban a mi alrededor en formación de medialuna y yo les enseñaba señas, incluyendo el cómo decir sus nombres; tuve una gran impresión al ver sus rostros al descubrir que tenían una identidad y un nombre que se podía deletrear. Este fue uno de los primeros retos que enfrentamos con ellos.

Con el tiempo empezamos a reunirnos en una congregación cerca de nuestra casa, y en ella conseguimos establecernos formalmente como ministerio para poder enseñar la palabra de Dios. Este ha sido un camino complicado, nunca fácil, porque, así como solemos decir que "nunca se llega a conocer del todo a una persona", esta frase se suscribe aún más real en el caso de las personas sordas. El trabajar con ellos implica un constante aprendizaje y retos nuevos para enfrentar siempre. Aprendimos a entenderlos a base de prueba y error, tuvimos que hacer uso de una dosis de paciencia mayor a la que se tendría con una persona oyente, para poder comprender el mundo de aquellos sordos.

En mi caso específico, Dios estaba, sin yo estar plenamente consciente de ello, entretejiendo mi camino al hacerme desarrollar toda esta experiencia después de culminar el curso de Lesco básico intensivo con Liliana Porras en 1993.

Para ese entonces ya conocía a muchas personas sordas y estas interacciones ya eran parte de mi vida y mi pensamiento estaba enfocado en querer conocer más de ellos. Yo nunca me había propuesto el convertirme en intérprete de Lesco, y ni siquiera en ese momento en que ya tenía varias relaciones de amistad con personas sordas, tracé un plan estructurado para profesionalizarme en la interpretación en señas. ¡No obstante, Dios tenía esto presupuestado en su plan perfecto! en 1995, fui contactada por mi primera profesora de Lesco,

Lilliana Porras, quien me invita a someterme a una evaluación inicial que se iba a realizar en la *Asociación Nacional de Sordos de Costa Rica*, con el objeto de iniciar un programa para el adiestramiento profesional de intérpretes de la *Universidad de Costa Rica (UCR)*. Asistí a esta evaluación acompañada por ellos, sin imaginarme que aquello marcaría el inicio de mi vida profesional, ya que lejos estaba en mi mente el convertirme en una intérprete de Lesco. Al llegar al lugar de la evaluación, me encontré con personas que no conocía, tampoco tenía claridad acerca del tipo de evaluación o de que el jurado estaba conformado por sordos. Realicé la prueba y días después recibí una llamada del *Programa Regional de Recursos en sordera (Progreso)* de la Universidad de Costa Rica, donde me comunicaron que había superado la prueba y me citaban a una entrevista inicial para llenar unos documentos y poder comenzar el programa.

En la mencionada entrevista me preguntaron la razón por la cual yo quería ser intérprete, y respondí que era porque quería interpretarle a las personas sordas el mensaje de la palabra de Dios y ayudarlas. Así inicié este adiestramiento que a la larga y sin yo saber en ese momento, iría a impactar para siempre mi vida personal y profesional. Inicialmente fue muy intenso y requería mi presencia en la universidad durante la mayor parte de mi tiempo de actividad; mi interacción con los sordos se incrementó, entonces encontré que la relación que había tenido con los sordos de mi comunidad se había convertido en mi escuela, pues me ayudó muchísimo a desarrollar mi expresión facial y corporal, que resulta un complemento indispensable en la profesionalización del aprendizaje de la Lengua de Señas Costarricense (Lesco).

Desde 1991 en que llevé mis primeros cursos de Lesco, hasta mi ingreso en el programa de adiestramiento de intérpretes en 1995, mi enfoque estaba, más que en convertirme en una intérprete profesional, en aprender estas habilidades nuevas para poder servir mejor en el ministerio de los sordos junto a mi madre, Dios me sorprendió llevándome a conocer a las personas sordas, de cuya existencia y características no fui consciente sino hasta mis 16 años. Fue así cómo se inició la historia de lo que a hoy en día he alcanzado en mi vida a nivel personal, profesional y espiritual, sin haberlo trazado como una hoja de ruta inicialmente. Pasé por muchas pruebas, retos, desaciertos, alegrías y situaciones diversas que me enseñaron a maduras, superar obstáculos, vencer miedos, ser más fuerte, creer en mí y en lo que Dios quería de mí, y, sobre todo, a crecer en esta aventura de entrar al mundo de las personas sordas, su lengua, su cultura, y especialmente a valorarlos en sus necesidades, deseos de superación, de atención, de cariño y en su ser integral. Hoy puedo decir que por la gracia y misericordia de Dios estoy donde estoy porque Él mismo eligió esto para mi vida.

Fue en 1994 que comencé a interpretar con la Lengua de Señas las prédicas de la iglesia a la que asistíamos para el grupo de personas sordas del ministerio Rompiendo las Barreras del Silencio, con el conocimiento básico que había adquirido en mis cursos iniciales, que fui nutriendo del adiestramiento de la UCR con el pasar de los años; las prácticas y la exposición a interpretaciones en diferentes ámbitos de acción me ayudaron a madurar, a crecer como persona y a profesionalizarme más.

Todo el trabajo para Dios y las experiencias profesionales vividas me hicieron evolucionar en la comprensión del mundo de los sordos, al tiempo que la Lesco misma evolucionaba, ya que fue un tiempo en el que varias personas sordas lograron incorporarse a la educación superior y ayudaron a enriquecer la lengua. Me gradué como intérprete en 1999, siendo parte de la primera generación de intérpretes de Lesco en Costa Rica.

Tengo la firme convicción de que Dios fue propiciando situaciones en mi vida y en la vida de mi madre para que fuéramos capacitadas y moldeadas en nuestro carácter, para que desarrolláramos habilidades, destrezas y estrategias para poder trabajar con la población sorda de una forma efectiva, enseñándoles la palabra de Dios; para ellos era indispensable tener una intérprete que fuese reconocida como miembro activo del círculo social de los sordos, y que tuviera la firme intención de no claudicar en la misión evangelizadora.

MOTIVACIÓN E INSPIRACIÓN

En este trabajo tan cercano a las personas sordas logramos poder observarlas como seres humanos que, al igual que cualquier otro, tenían diversas necesidades y carencias, Dios sabía que tendríamos la vehemencia para perseverar y luchar para hacer algo por ellas y por sus familias, aún con nuestras limitaciones iniciales para comunicarnos y aún sin contar con todas las condiciones que requiere la atención a esta población.

Comenzamos a interesarnos en ser voceras de sus derechos y en luchar para que tuvieran acceso a la información y a la comunicación que requerían. Siempre hemos creído que los planes y pensamientos de Dios son insondables y no siempre comprensibles para nosotras, pero que Él nos inspiró y nos llevó al destino que trazó en su corazón. Comenzamos entonces a reunirnos con los sordos con más frecuencia y a tener la oportunidad de brindarles ayuda de forma integral, incluyendo el área espiritual. La oración nos conecta más a nuestro creador y nos hace ser efectivos, sabios, eficaces y productivos. La Biblia nos da el conocimiento, guía y entendimiento para hacer las cosas de la forma en que Dios espera que las hagamos; como el ilustre Martín Lutero expresara en una ocasión: **"Tengo tantas cosas que hacer, que pasaré las primeras tres horas de mi día orando"**.

EL AMOR POR LAS PERSONAS SORDAS

Al nosotras incursionar en el aprendizaje de la Lesco e interaccionar con más personas sordas y sus familias; conociendo de sus experiencias, del dolor y viendo patentes milagros que nos conmovieron profundamente, el interés, la motivación y el deseo de seguir adelante en el trabajo con ellos se fue incrementando. Un amor hacia la comunidad de los sordos había nacido en nosotras el cual guiaba nuestras acciones y decisiones al tratar con sus situaciones y conflictos personales o familiares. Entendimos la importancia de demostrar a los sordos el amor de Dios, de ayudarles a que experimentaran un poco de alegría, a que se sintieran aceptados, amados y comprendidos, a que sintieran que había personas que se interesaban por ellos, les valoraban, les respetaban y les ayudaban a descubrir que eran personas capaces de crecer, de aprender y salir adelante más allá de las dificultades que pudieran tener sus y limitaciones auditivas, educativas y socioeconómicas.

Cuando una persona sorda llega a una organización o iglesia con la expectativa de integrarse, lo hace con grandes necesidades emocionales y es esta una de las áreas con las que hay que trabajar mucho. Por lo general enfrentan grandes barreras en sus vidas debido a la falta de información y comunicación con el mundo circundante.

Diariamente los sordos enfrentan la enorme frustración de no ser plenamente aceptados en una sociedad que los invisibiliza, los discrimina por su condición y los etiqueta para mal, aunado a eso, un enorme porcentaje de ellos tiene emociones reprimidas desde su hogar que en el tiempo pudieron y pueden convertirse en dolencias físicas o morales, esto hace que se manifiesten comportamientos de rechazo, aislamiento y especialmente complejos de inferioridad, como consecuencia, muchos de ellos guardan enojo, autocompasión e inmadurez que manifiestan en situaciones simples de la vida cotidiana.

Cuando hay heridas emocionales en los sordos, estas son muy profundas.

Estamos convencidas de que el trabajo con personas sordas se puede ver muy motivante y emocionar a los observadores externos que piensan embarcarse en este periplo. Pero resulta fundamental examinar las motivaciones y preguntarse: "¿Por qué quiero aprender la lengua de señas?", "¿Por qué quiero trabajar en un ministerio para personas sordas?", es determinante responderlas antes de involucrarse en esta obra. En un sordo, su condición auditiva no tiene nada que ver con la parte cognitiva; ellos sienten, tienen deseos de surgir y desean ser autónomos e independientes; nuestra tarea asimismo consiste en establecer un puente de comunicación entre ellos y el mundo que les rodea, y en contribuir a que sus vidas mejoren en todo sentido de forma integral.

La palabra de Dios nos manda a amar al prójimo como a uno mismo. Para amarme a mí mismo, proveo para mi crecimiento en cada área de la vida y me cuido. Y porque me amo, soy capaz de amar al otro. El amor no es un sentimiento. El amor trasciende más allá de eso, es un acto hacia todos los vínculos (padres, hermanos, amigos, etc.).

Cuando Jesús habla de amar al prójimo, nos está dando la guía primordial para actuar de manera que le agrademos a

Él, amando a las personas con ese amor que es capaz de sanarnos, sanar a otros y establecer vínculos.

Las personas sordas necesitan de este tipo de amor, los que trabajamos con ellos necesitamos reconocer en nosotros que realmente el amor es mutuo, porque de eso depende nuestro trato con los demás.

El lema de una persona con la estima sana es: "Yo valgo y vos también." No impone sus gustos personales, ni sus propios deseos, sino que otorga un marco de alegría, paz, encuentro e intimidad. La fe, la esperanza y el amor son tres elementos fundamentales para el ser humano, pero, sin lugar a duda, el más grande de ellos es el amor. (Bernardo Stamateas).

Dios nos amó a todos por igual; la palabra de Dios cita en Juan 3:16 **"Porque de tal manera amó Dios al mundo, que dio a Su Hijo unigénito"** para que todo aquel que cree en Él, no se pierda, sino que tenga vida eterna".

Los sordos tienen esta gran necesidad de sentir el amor de Dios y cuando lo descubren y lo experimentan es cuando realmente sus heridas son sanadas y sus vidas cambian el paradigma antiguo que traían consigo, es entonces cuando se conocen realmente a sí mismos y cuando ellos le permiten a Dios sanarles desde adentro y podemos ver cambios rotundos en todas las áreas de sus vidas.

Debemos llevarlos a sus corazones esa palabra de aliento y motivación guiada por Dios en su propia lengua y encaminarlos a conocer a Dios como un padre amoroso que desea cuidar de ellos y como aquel que los hizo y los creó con un propósito.

Si las pretensiones para trabajar con sordos son otras, es conveniente que la persona busque información, consejo, o que alguien con experiencia ayude a descubrir cuáles son las motivaciones; esto es necesario porque las personas sordas necesitan personas seguras de sí mismas, maduras, que se conviertan en buenos referentes para sus vidas, y modelos con valores y principios justos y moralmente rectos.

CAPÍTULO II

CONOCIENDO EL MUNDO DE LA PERSONA SORDA

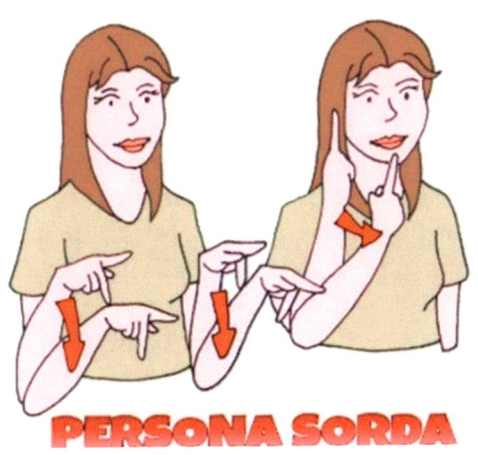

¿Quiénes son las personas sordas?

Los sordos, son personas que tienen dificultad para oír. Algunas personas sordas puede que presenten buenos restos auditivos que les permitan escuchar las voces de los demás, sonidos amplios y agudos, también les permiten hasta interactuar con personas oyentes de una manera fluida; algunos hasta pueden hacer llamadas telefónicas y mantener una conversación con otros por teléfono. A estas personas se les suele conocer como *hipoacúsicas*, ya que tienen la facultad de poder entender lo que se les dice oralmente.

Una característica peculiar es que, algunas personas sordas hipoacúsicas no usan audífonos para poder escuchar, otras sí lo usan (hay mucha variedad entre la comunidad sorda). Sin embargo, el ser hipoacúsicos no les excluye de la comunidad de personas sordas, aunque hay una minoría que cuando tiene esta facultad prefiere solo la comunicación oral (es decir, usar su voz o la lectura labiofacial). La gran mayoría de personas sordas prefiere hacer uso de la Lengua de señas, esto explica la mucha variedad de comunicación lingüística entre la comunidad sorda de Costa Rica, debido a los diferentes grados de sordera que existen.

En este caminar con ellos, hemos descubierto que hay personas sordas que logran escuchar sonidos muy agudos aun siendo sordos profundos, como la bocina de un automóvil, el sonido de un tren, el de un avión en el cielo, un grito, la resonancia de un tambor entre otros. De hecho, algunas personas sordas suelen llamarse entre ellas con un grito (aspecto que quiero detallar más adelante en este libro).

En muchas ocasiones, interpretando a los sordos en la iglesia o en lugares espaciosos con mucha concurrencia de personas, algunos de ellos me hacían saber que la ubicación de los parlantes hacía que el sonido retumbara en sus oídos, lo cual causaba que se quitaran el audífono o le bajaran el volumen, ya que se tornaba molesto para ellos.

Cuando a los sordos se les toma en cuenta para participar en actividades con audiencias masivas, como en iglesias, estadios, salones de clase u auditorios, es importante coordinar sobre la importancia de un espacio reservado para los sordos y hacer saber a los encargados que se deben tomar medidas sobre la ubicación y el nivel del audio con relación a ellos, ya que el no considerar esto puede derivar en que las personas sordas se vean incomodadas por las molestias que el sonido provoca, especialmente a los que usan audífonos.

Algunas molestias se presentan como intensos dolores de cabeza, nerviosismo y deseos de retirarse a medida que continúa el ruido. Es incorrecta la creencia de que la mejor ubicación de un grupo de sordos en actividades de esta índole es muy cerca de los parlantes.

Los sordos pueden percibir la vibración, por lo cual, si se está considerando ubicarlos de manera que puedan apreciar el evento y estar cómodos, una forma recomendable y si los medios económicos lo permiten, es ubicarlos en un área determinada cerca del espacio de atención principal, por ejemplo, cerca del orador y con un piso de madera para ellos, lo cual les permitirá sentir y disfrutar con más comodidad las actividades que se estén desarrollando en el momento, por ejemplo, disfrutarán mucho de la música al percibir las vibraciones a través de sus cuerpos. Ha sido hermoso y motivante para mí ver en sus rostros el reflejo del disfrute de la actividad.

Para algunas personas sordas el usar audífono es irritable e incómodo, vamos a encontrar que algunos prefieren no usarlos; los audífonos ayudan a ciertas personas con pérdida auditiva, pero no es el caso con todos. También he estado en actividades en las que algún audífono de un sordo emite un sonido agudo de alta intensidad, a tal volumen que se vuelve molesto para las personas alrededor, incluyéndome. Si ocurre esta situación, es completamente aceptable hacérselo saber a la persona sorda, quien no se molestará en atender la situación, ya que su intención no es incomodar.

El ser sordo indica que hay un grado de pérdida de audición (aunque este no es un criterio para ser considerado sordo). Los sordos se identifican con otros sordos y se conducen de una forma particular de ellos. Los sordos no se interesan por averiguar detalles sobre la pérdida de audición de sus amigos sordos, y pueden sorprenderse al saber que alguno de sus amigos puede oír lo suficiente como para escuchar el teléfono.

En nuestro trabajo con las personas sordas, hemos percibido que su forma de ver el mundo y la manera en que se conducen por él va de acuerdo con sus vivencias a nivel personal y con su propia percepción de las cosas que suceden a su alrededor, sobre cómo comprenden y figuran en su mente las situaciones, dando un significado muchas veces no claro o erróneo con respecto a la vida. Todo obedece a esa gran necesidad que hay de obtener información suficiente que les permita razonar y ampliar conocimientos para resolver situaciones, tomar decisiones certeras y sobre todo poder desarrollarse con independencia y autonomía.

Lamentablemente, las barreras de comunicación han sido un factor recurrente a lo largo de los años para muchas personas sordas, que han tenido que hacer esfuerzos extraordinarios y en algunos casos estériles, para poder surgir y salir adelante como individuos. En sus anhelos, sueños y metas, los sordos no son diferentes al resto de los seres humanos que desean superarse como personas y a nivel profesional, quieren casarse y formar familias con hijos, quieren estudiar, conseguir buenos trabajos y ser tomados en cuenta, pero los mitos, las barreras y prejuicios que existen en nuestra sociedad por falta de conocimiento acerca de ellos, hacen que hasta la fecha tengan que desafortunadamente enfrentarse con la discriminación, la no aceptación y el ser subestimados por su condición de pérdida auditiva, ya que la sociedad no cree en sus capacidades al enfocarse en el problema de la audición y descartar todo su potencial cognitivo y habilidades.

Con frecuencia nos encontramos con sordos que no tuvieron la posibilidad de estudiar y no conocían la lengua de señas, al alentarlas y motivarlas para que confiaran en que tenían capacidad para aprender y surgir, era notorio cómo aumentaban su autoestima. Algunos se mostraban cohibidos para participar en estudios bíblicos por temor o por complejos de inferioridad y al trabajar con ellos en el aspecto emocional, al tomarlos en cuenta y demostrarles que eran importantes, cambiaban de forma notoria, comenzaban a expresarse con libertad, a interactuar activamente en grupo.

Las personas sordas necesitan sentirse acogidas, sentir que creemos en ellas y que no existe razón alguna para discriminarlos. Este tipo de interacción positiva produce cambios en su forma de expresarse y de relacionarse socialmente, al tratar de modelar con paciencia y dedicación lo que se les ha enseñado.

Otro detalle para tomar en cuenta es que los sordos no suelen ser conscientes de sus carencias a nivel emocional. Si se trabaja con sordos, se debe esperar mucho de ellos, saber que van a buscar modelos en quienes se involucren, por lo que hay que tratar enseñar con excelencia.

Cuando empezamos a trabajar con el grupo de sordos, oramos mucho al Señor para que nos guie, ya que éramos inexpertas y a veces sentíamos que lejos de progresar íbamos en retroceso, pero luego descubrimos que sí estábamos avanzando, pero que era un proceso lento, que requería de mucha paciencia.

Los sordos pueden ser muy inconstantes en su asistencia a las reuniones, concurren algunos días y de la misma forma se ausentan, esta falta de constancia es una situación que hay que aprender a entender y aceptar al trabajar con ellos para lograr que progresen. Es normal que les cueste establecerse en un lugar y se comporten como nómadas, por lo que mantener un grupo relativamente estable es complicado. Siendo así, nos vimos en la necesidad de repetir lecciones completas, aún para los sordos que mostraban más constancia, pero para beneficio de la colectividad.

Una de las cosas que aprendimos es, a buscar todas las herramientas y todos los medios posibles para hacernos entender acerca del mensaje que estábamos transmitiendo, asegurándonos de que les quedara claro; sobre todo para aquellos que no sabían leer o escribir en castellano y que nunca habían llevado el proceso de formación educativa en una institución. Estos eran por lo general los que mostraban más interés en participar, en ser constantes y mantenerse en el grupo.

Había otros con mayor formación educativa, pero con muchas cosas que aprender en su relación con otros, lo cual hacía que, dentro del mismo círculo de personas sordas en la iglesia, se formaran agrupaciones de sordos que habían logrado salir adelante en sus estudios, otros grupos medios donde los sordos solo contaban con una educación media y los grupos de personas sordas con una educación nula. Al darse estas situaciones, la persona a cargo necesita ayuda y guía de Dios para establecer estrategias de trabajo que le permitiera integrar a todos, de esta manera formar a los sordos con perfil de liderazgo para que puedan llegar a ser los futuros maestros pastores y líderes del ministerio de los sordos.

Las destrezas y habilidades en la lengua de señas son fundamentales, pero es necesario buscar el consejo y guía de Dios para poder ministrar a los sordos de manera efectiva e integral.

Importantísimo es saber que el solo hecho de aprender la lengua de señas y de contar con extraordinarias habilidades no garantiza que las personas sordas hayan comprendido en su totalidad aquello que se les desea comunicar. Muchas de ellas tienen ausencia de información del mundo que les rodea, así que esto siempre será un desafío y hará que el aprendizaje en ellos sea lento, progresivo y permanente.

El trabajador que se involucra con sordos debe estar dispuesto a convertirse en un aprendiz. Yo recuerdo a mi mamá trabajando de madrugada en su mesa con muchos materiales, confeccionando láminas ilustrativas de la Biblia relacionadas al mensaje que ella había preparado para compartirles. Era constante el recibir dirección de Dios para desarrollar las estrategias, ya que no existía una guía de trabajo para esta población y este trabajo específico era la oración tenaz que nos daba luz sobre cómo actuar haciendo uso de nuestras habilidades y recursos, tanto materiales como humanos. De esta manera, mi mamá prácticamente ilustró todas las historias de la Biblia en láminas de cartulina negra y dibujos hechos con tizas de color pastel. Nuestra disposición estaba en maximizar en ese tiempo los pocos recursos con que contábamos, pero que en las manos de Dios irían a cumplir su propósito, aún sin un espacio totalmente adaptado o muchos recursos económicos.

En ese tiempo no existía el internet, y cuando llegó a estar disponible no teníamos conexiones, no teníamos un proyecto, no sabíamos operar una computadora, no existían los teléfonos celulares, pero teníamos a Dios y eso era suficiente para que su guía y su respaldo a lo largo de los años nos permitiera cumplir con su visión.

Actualmente contamos con medios tecnológicos y audiovisuales que nos dan acceso a un universo de información que permiten de una manera más acelerada el aprender, retroalimentarse y crecer profesional y espiritualmente. Pero antes de esto, tuvimos que ser perseverantes y fieles con los pocos recursos materiales con los que contábamos. Antes del acceso a tecnologías, dependíamos de las vivencias y experiencias a nivel interpersonal con la comunidad sorda para poder adentrarnos a sus mundos e intentar entenderlos y ayudarles con las diversas situaciones que enfrentaban. Encontramos personas con grandes daños emocionales, que como consecuencia derivaba en actitudes sumamente negativas, donde unos días te aman y de un día para otro te desprecian y te ven como un enemigo. Es en esos momentos cuando hay que desarrollar muchas habilidades humanas como la disposición, el amor, la tolerancia, la flexibilidad y la comprensión a la hora de trabajar con ellos. El no tener esto en cuenta puede causar desilusión y frustración, llevando a abortar la misión de trabajar con sordos. Este trabajo no es sencillo, se necesita vocación y amor por esta población y la motivación debe trascender cualquier deseo de sobresalir o de ganar reputación.

Como cualquier persona somos pecadores y necesitamos entregar nuestra vida a Cristo Jesús, pues necesitamos cambiar nuestra vida, los sordos son igual de pecadores que todos nosotros, también pueden intrigar, traicionar, pelear y ser muy irritantes y con estas acciones parecer que no aprecian los esfuerzos y el trabajo invertido en ellos. Por ello, es necesario un gran apoyo en Dios para sanar heridas emocionales en quienes trabajan con los sordos, para poder desarrollar carácter, paciencia, amor y empatía para entender y seguir en el trabajo, si es esta la misión que Dios ha encomendado a los que quieren seguir este camino. Es esencial mantenerse orando por las personas sordas, por sus familias, por los prejuicios que traen y porque sus daños emocionales sean curados, para que Dios transforme y rompa todas esas ataduras y quebrante los corazones endurecidos que satanás ha tomado aprovechándose de la falta de acceso a la comunicación e información en su propia lengua.

La iglesia del Cristo requiere hacer cambios muy grandes para poder llegar con la palabra de Dios a las personas sordas, hay una deuda grande al respecto.

Forma correcta de comunicarse con una persona sorda

Esta es la mejor manera: Si se va a llamar la atención de una persona sorda es importante tomar en cuenta las siguientes recomendaciones.

a. *Al estar frente a la persona sorda no cubrirse la boca con la mano. Es importante que la persona sorda pueda realizar la lectura labio facial correctamente.*

b. *Al hablar con la persona sorda, procurar nunca darle la espalda.*

c. Al llamar a una persona sorda, hacerlo con un leve toque en el hombro.

d. Hablar en señas y siempre de frente.

e. Encender y apagar la luz para llamar la atención del sordo.

f. *Estando en una clase o lugar reunidos, los sordos tienen la costumbre de gritar, ya que algunos logran percibir el sonido, o bien golpear el suelo con el pie varias veces (generalmente cuando hay pisos de madera, ya que perciben las vibraciones y este material lo favorece).*

g. *Hay que procurar siempre hablar despacio y vocalizar correcta y claramente sin exagerar.*

h. *No hablar en la oscuridad, o en su defecto tener a mano un foco o algo que ilumine el espacio.*

i. Respetar el turno de la palabra.

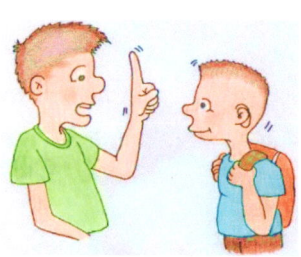

j. Muchas personas sordas no comprenden el castellano, así que se debe recurrir a varias estrategias para comunicarse con ellos, como, por ejemplo, escribir frases simples si no están entendiendo, y si es posible, utilizar dibujos y sinónimos.

k. Nunca hablar todos simultáneamente.

CAPÍTULO III

EL TRABAJO CON LOS SORDOS EN EL MINISTERIO

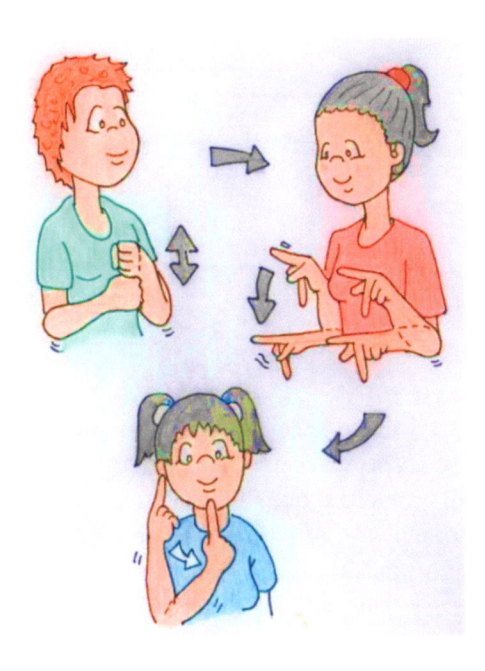

Experiencia y crecimiento ministerial

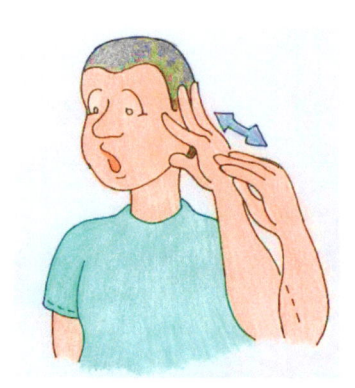

La palabra hebrea para **'servir' es abodah**: que significa servicio, adorar, cultivar, ministerio, servil, significa también trabajar, ayudar, de acuerdo con esta definición comprendemos que el servir a Dios va completamente alineado al servicio al prójimo. Consagrando nuestro corazón a Dios, esa entrega se manifiesta en nuestra forma diaria de actuar, buscando siempre el agradarle.

El servicio con los sordos en ***"Rompiendo las Barreras del Silencio"*** ha sido desafiante desde un inicio y hasta el día de hoy nunca hemos podido calificar de fácil esta tarea.

Cuando nació este servicio, sabíamos que nos estábamos aventurando a algo desconocido y para lo cual no había fuentes de información que nos sirvieran de referencia; las personas a quienes estábamos atendiendo tenían muchas necesidades como ya antes mencioné: falta de estudios formales, desconocimiento de la propia lengua de señas, desempleo, situaciones familiares complejas y muchas otras privaciones y vicisitudes. Entre los primeros sordos que tratamos, había varios que usaban su capacidad gestual para comunicarse con nosotras y contarnos sobre cosas que les sucedieron a nivel personal o familiar. Hay que pensar que, para una persona oyente, algo tan cotidiano como contarles a otros sobre eventos, cosas que vivieron o vieron es algo muy común; la persona sorda lamentablemente no tiene esa facilidad de expresión y todo ese deseo de poder simplemente liberar sus vivencias se ve privado y se va acumulando en su corazón.

Gracias a Dios, desde un inició descubrí que tenía facilidad para comunicarme con los sordos de manera muy natural. Mi primera experiencia interpretando el mensaje de un orador para un sordo ocurrió de la siguiente manera: antes de establecernos en una congregación de la ciudad de Alajuelita, asistíamos a otra en el centro de San José, pero yo acudía como visitante al lugar en el cual nos estableceríamos primero en las reuniones de jóvenes como ministerio. Uno de los primeros sordos con quien había entablado una amistad, me pidió dejarle acompañarme en una ocasión a una de esas reuniones. Al llegar, yo sabía que varias integrantes del ministerio de danza conocían de la Lesco, así que hablé con una líder de ellas para indicarle que venía acompañada de un sordo y pidiéndole que, si era posible para alguna de ellas interpretarle las letras de las canciones que se cantarían, ya que yo no las conocía muy bien. Al terminar la música, mi amigo sordo se ubicó cerca de donde yo estaba y ahí le interprete el mensaje del predicador, causando la curiosidad de varias personas que se agruparon a nuestro alrededor, pese a que no era mi intención interrumpir el culto ni llamar la atención. De hecho, algo singular ocurrió en ese momento: yo oré para ponerme en las manos de Dios y el nerviosismo y el miedo desaparecieron. Mi ser completo estaba concentrado y enfocado en servir a Dios y a esta persona que tenía una gran necesidad de conocerle, así, todas las miradas y tenciones desaparecieron para mí. Al finalizar el culto, mi amigo estaba conmovido y tenía la disposición de aceptar a Jesucristo en su vida, lo cual fue algo maravilloso. Aquello fue una confirmación del respaldo de Dios a nuestro ministerio, y a partir de ese momento Él nos proveyó de herramientas para poder avanzar y hacer su voluntad. Yo en ese momento no era aún una intérprete, apenas contaba con el primer curso y mis experiencias iniciales en la UCR, además de las interacciones pasadas con personas sordas. Sin embargo, fui capaz de interpretarle a ese sordo la palabra de Dios, y eso nos dirigió a establecer el grupo de *Rompiendo las Barreras del Silencio* en Alajuelita.

Para incorporarnos a una congregación con el ministerio de los sordos, mi madre y yo nos reunimos con el pastor y le hablamos de nuestra visión y compromiso con ellos para solicitarle un espacio físico en el cual impartir para ellos la enseñanza de la Biblia. Sabíamos y sabemos hoy que es fundamental contar con el respaldo del liderazgo de la congregación. Con el aval del pastor, establecimos el ministerio en un lugar en el que no había sordos. Sí había algunas personas oyentes que manejaban algunas señas, sin embargo, no con el interés de trabajar en un grupo de personas sordas, sino más como a quien llama la atención conocer un poco sobre algún idioma y atraer la atención de otros al usar aquello. Mención aparte es recalcar que, a nivel de servicio, hay que luchar contra la tentación de querer utilizar las señas para que personas oyentes admiren y se den cuenta de las destrezas o habilidades de la persona. Esto constituye una motivación equivocada, y más aún si ni siquiera hay una sola persona sorda en el auditorio o lugar.

Retos que enfrentamos

Cuando nos establecimos como ministerio, nos permitieron que aparte de las interpretaciones de las prédicas de la iglesia, tuviéramos nuestras propias reuniones con los sordos en un aula. El primer gran reto que enfrentamos con el grupo en cuanto a la enseñanza de la Biblia fue por lo heterogéneos que eran en cuanto a las diferencias en sus contextos familiares, socioeconómicos y académicos.

Algunos podían reconocer palabras, otros eran completamente analfabetas. La necesidad de la guía de Dios en ese momento era evidente. A algunos sordos había que enseñarles a leer y escribir, en otros casos, nos apoyábamos con sordos más hábiles en expresión facial y corporal para ayudarnos en la comunicación visual-gestual (CVG) con los otros y de esta manera hacer llegar nuestro mensaje.

Utilizamos en diversas ocasiones las artes escénicas, ya que a través de dramatizaciones con los mismos sordos podíamos apoyar los contenidos que queríamos transmitir. Lo sorprendente es que Dios atrajo a las personas con estas habilidades entre los sordos para sernos de utilidad. Los sordos, de acuerdo con sus necesidades, nos marcaban el camino sobre cómo trabajar con ellos.

A la mayoría de las personas sordas, a pesar de sus contextos familiares diversos, se les hace muy fraternal la interacción entre ellos, por el simple hecho de compartir como rasgo distintivo "la sordera".

Dios nos inquietaba a tomar los pasos que íbamos dando, tanto en la enseñanza como en la interpretación, ya que los frutos de nuestro trabajo fortalecían nuestra convicción y certeza. Creemos que la palabra de Dios es viva y eficaz y lo experimentamos; mi madre la estudiaba diligentemente por muchas horas para preparar las sesiones de enseñanza para los sordos y en las páginas de la Biblia ella encontraba luz de parte de Dios acerca de situaciones que les estaba sucediendo a las personas del grupo en los aspectos emocional y espiritual. Mucha oración de madrugada pidiendo por estrategias la orientó a ella a trabajar con las personas sordas de acuerdo con su necesidad, y entre nosotras, no solamente por el parentesco, había una conexión espiritual que nos facilitaba el trabajo.

Nos reuníamos los viernes, y en cada ocasión se presentaban situaciones distintas...Era emocionante ver cómo los sordos abrían su corazón para conocer más del evangelio de Jesucristo y aprender de la palabra de Dios. Ver el brillo en sus ojos era tan gratificante y observar cómo parecían trasladarse al momento histórico de los relatos del evangelio era emocionante.

El aprender junto a un grupo de sordos y compartir con ellos hacía de esos momentos lo más reconfortante de nuestro esfuerzo. Yo interpretaba prédicas los domingos, martes, viernes y sábados en cultos de jóvenes, sin embargo, un buen porcentaje de las prédicas no eran comprensibles para varios de ellos, dada la terminología que ellos no manejaban, estaban además necesitados de una atención más personalizada. Con el tiempo comprendimos que los sordos necesitan su propio espacio aparte de los cultos para oyentes.

Está bien que participen esporádicamente de servicios de adoración y prédica con el resto de la congregación, para que los puedan reconocer y tengan un nivel de integración, donde incluso tengan espacios de participación como, por ejemplo: dramatizando una canción, exponiendo un pasaje de la Biblia, dando algún testimonio, haciendo teatro o mimo; esto hará saber a los demás que los sordos tienen mucho que dar y compartir con el resto. Sin embargo, para tareas de instrucción, lo correcto es que sea entre ellos, aprovechando incluso el nivel educativo de cada uno; es allí donde ellos tienen el espacio para preguntar, contar experiencias y obtener información o corrección de conceptos acerca de la Biblia.

Mucho material didáctico que utilizamos fue el confeccionado por mi madre, que no se dedica profesionalmente al dibujo, no obstante Dios le dotó de la habilidad necesaria y de los materiales adecuados que tenía por cursos que había llevado en tiempos pasados, de los cuales echó mano y con ello fuimos capaces de reforzar los mensajes de forma visual. A continuación, ejemplos de algunos de esos materiales que utilizamos.

GALERÍA DE FOTOS

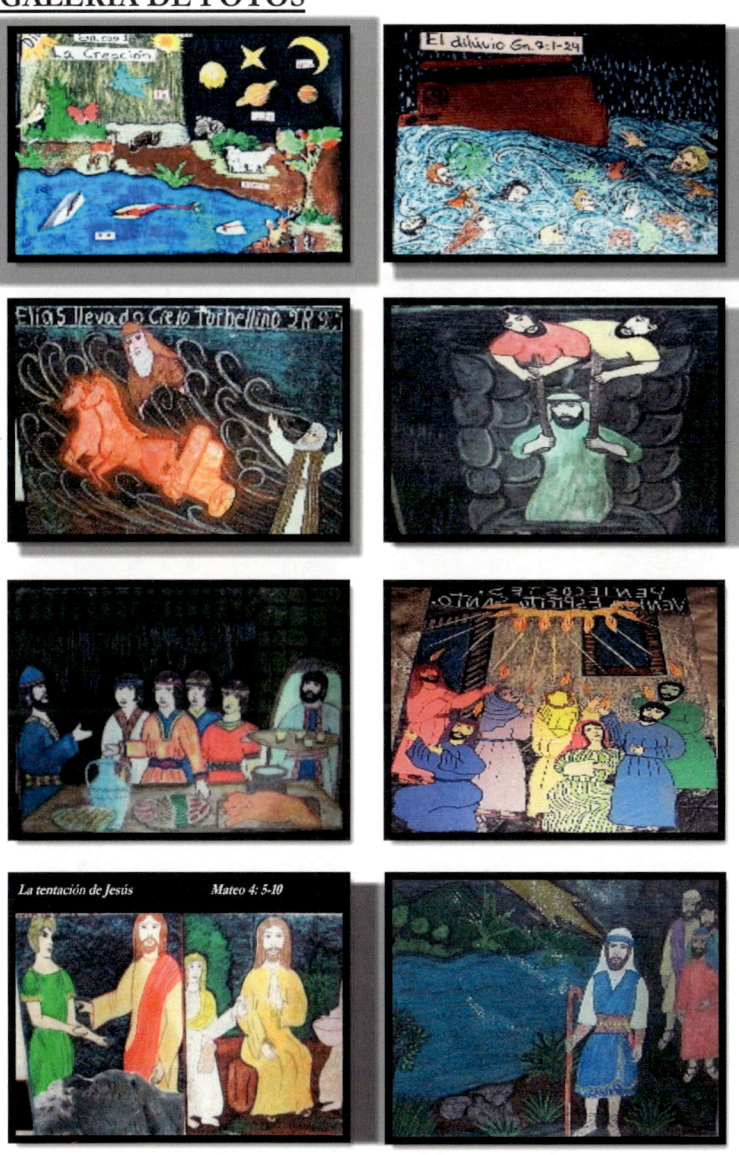

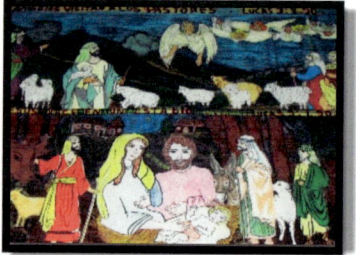

ROMPIENDO LAS BARRERAS DEL SILENCIO *Yurlandy Hidalgo Arce*

45

Juan Bautista
Rio Jordan
Juan 1:29-51

Isaias
12:1,6
Apocalipsis
5:9,10.

JESUS ES ProclaMAdo REY Judios.

SOFONIAS 2:15

El avance tecnológico en cuanto a recursos audiovisuales nos facilitó enormemente el trabajo años después.

Con el pasar del tiempo nuestras reuniones cambiaron de viernes a domingos, de 10 de la mañana hasta el mediodía, horario que mantenemos hasta la fecha. Descubrimos la importancia de mantener una hora y lugar para las reuniones, ya que esto fomenta una mayor asistencia y constancia en los sordos. Muchos sordos venían de contextos socioeconómicos tan complicados que necesitaban de un subsidio monetario para poder asistir a las reuniones, para lo cual recolectábamos una ofrenda con el fin de proveerles de esa asistencia, además para poder compartir un pequeño refrigerio, ya que varios de ellos ni siquiera contaban con los medios para desayunar o almorzar. Por ello es importante interceder ante las organizaciones y plantear este tipo de situaciones, para tratar de conseguir ayudas adicionales para estas condiciones que no son poco frecuentes. Algo tan básico como personas que les puedan ofrecer traslado en sus vehículos resulta de enorme ayuda para el trabajo con ellos. Felizmente, en el país hay una red de transporte público, autobús primordialmente, que permite un traslado relativamente cómodo, pero estamos ante una población que sufre de inestabilidad laboral y eso hace que se les dificulte y necesiten de asistencia económica para movilizarse.

Frente a todo este panorama, cabe reiterar que una persona que quiere envolverse en el servicio con los sordos debe estar consciente y conocer muy bien a lo que se va a enfrentar y examinar detenidamente sus motivaciones para estar dispuesta a perseverar y no desertar en el camino fácilmente. El establecer compromisos con ellos y no cumplir, solamente herirá corazones que ya de por sí van a llegar con serias lesiones y que requieren empatía y amor. Esta población demanda perseverancia, paciencia y muchísimo trabajo, más que un lucimiento de los encargados a nivel personal o que se utilice este servicio para llenar vacíos emocionales o necesidades de reconocimiento.

En todos estos años ha sido frecuente conocer a personas que, al ver nuestro trabajo, expresan interés por aprender la Lesco e inicialmente muestran gran entusiasmo, pero que al experimentar las demandas de este trabajo se echan para atrás, ya que va mucho más allá de simplemente hacer de intérprete para una labor esporádica. Puedo decir con total certeza que, en esta labor hay que dejarse la piel, el alma y el corazón, hay que tener las emociones sanas, mucha humildad y estar dispuestos a pasar por alto ofensas, resentimientos y aparentes actitudes de mal agradecimiento.

Un aspecto importantísimo al trabajar con sordos es la "responsabilidad", delegarles responsabilidades es necesario; si a alguno de ellos no se le asigna tareas, asume que uno debe estar al servicio de él al punto de esperar que se les provea de todo sin dar nada a cambio. Este aprendizaje lo obtuvimos al inicio, ya que, nosotras hacíamos absolutamente todo, desde preparar el aula acomodando sillas y accesorios, preparando el refrigerio y dando las enseñanzas, al final de la actividad, así como preparamos las cosas teníamos que recoger y ordenar todo y como no tenían nada asignado, los sordos solamente se quedaban conversando y luego se iban sin ofrecer colaboración alguna. Esto no es necesariamente porque tienen que de algún modo pagar lo que con amor se les da, sino que pueden confundirse y volverse exigentes creyendo que es una obligación nuestra hacer todo, no se trata tampoco de que no tengan la voluntad de ayudar, simplemente necesitan ser dirigidos, además, las personas sordas precisan comprender que el cristianismo implica también servicio a Dios y a su prójimo. Y como escuela para ellos, ellos deben aprender que las diferentes funciones en un grupo, desde las más sencillas hasta las más complejas por así decirlo, de más exposición ante la gente, deben ganarse en base a la constancia y al esfuerzo, pero sobre todo con una actitud humilde, de querer servir por ser consciente de que es para Dios. Los sordos, y especialmente los menos instruidos y experimentados en sus interacciones sociales, son muy vulnerables a ser engañados e influenciados con falsas enseñanzas, falacias y argumentos erróneos.

Con los sordos, debimos enfatizarles sobre la importancia de ser disciplinados, responsables y comprometidos y al verlos encaminados en esa ruta, se les delegan responsabilidades de forma progresiva; ese es también el proceso con el que Dios les va formando y en el que van entendiendo aquel principio que se lee en Mateo 25: *"sobre poco has sido fiel, sobre mucho te pondré."* Y como suele ser en el reino de Dios, la grandeza está en servir a los demás, no en buscar posiciones de privilegio o de jerarquía para que uno se sienta mejor que otros por tener más medios económicos, formación académica o incluso títulos.

También hay que estar preparados para lidiar en el grupo con algunos sordos que tienen objetivos opuestos al objetivo que tenemos y que provocan divisiones, contiendas y competencia incluso contra quienes están a cargo. Este tipo de personas no operan nunca en pro del bienestar de las personas sordas, sino que actúan para buscar su propio beneficio. Por ello es importante estar alerta y como centinelas, no cesar en la oración para que Dios dé el discernimiento y la sabiduría necesarias para enfrentar este tipo de situaciones.

Otra situación que se debe resolver es con oyentes que se muestran como antes mencioné, interesados en trabajar con sordos, atraídos por expectativas incorrectas, por fines personales y egoístas y en ocasiones hasta incentivados por autoridades mismas de la iglesia para involucrarse en un trabajo para el que no tienen el llamado de Dios, ni la paciencia, ni la vocación para enfrentar las adversidades que se puedan presentar. Porque el trabajo con sordos va muchísimo más allá de la mera exposición frente a un auditorio, haciendo señas para que se den cuenta de tu habilidad. Detrás de un trabajo con sordos hay literalmente, sangre, sudor y lágrimas. Pero todo esto lo puedo afirmar luego de muchos años de experiencia, que pesa tanto o más que aprender en cabeza ajena, como dicen. "La experiencia es algo que no consigues hasta justo después de necesitarla." -Sir Laurence Olivier-

En Juan 15:8 encontramos a Jesús diciendo que daríamos gloria a su Padre cuando diéramos fruto. Definitivamente, Dios nos ha provisto de los recursos necesarios para sembrar y recoger ese fruto. Además de ser esposa, madre, líder de un ministerio tan hermoso, mentora de otros, y compartir el mensaje de Dios mediante videos al mundo cada año para llevar el mensaje de salvación, restauración y vida de Dios, no me cabe duda de que Dios es la fuente de nuestra fuerza, quien nos instruye, nos guía, nos entrena y nos da sabiduría.

Siempre hemos tenido en mente hacer las cosas para Él y ponerlo en el primer lugar. Así que antes de llenar nuestra agenda de actividades, recurrimos a la oración de forma constante para pedir su consejo y su respaldo.

La batalla por las almas de los sordos es encarnizada y ardua, y sin la motivación de Dios y el amor hacia esas almas es mejor no tomar un compromiso, ya que ellos deben ser vistos como eso, personas necesitadas de salvación. En esta obra las pruebas van a abundar, hay que enfrentarse a problemas emocionales fuertes, a situaciones de alcoholismo y drogadicción, problemas en la sexualidad, inmadurez extrema, manipulación y otros. Muchos llegarán solamente para ser servidos y nunca para servir, buscando únicamente un beneficio, o con la expectativa única de encontrar pareja entre los otros sordos, otros llevarán su curriculum vitae para que usted les ayude a encontrar trabajo, o le pedirán dinero y si usted no les atiende sus demandas, no solamente se irán, sino que podrían ser capaces en muchas ocasiones de salir hablando mal del trabajo con los otros sordos, de bloquear a los líderes en redes sociales y de insultarlos, para fácilmente días después llegar a volver a integrarse como si nada hubiese pasado. Otros llegarán con confusiones y dudas sobre la Biblia, pensando que las enseñanzas les servirán para aclararlas y luego se podrán ir a reintegrar otras creencias, porque ya resolvieron su conflicto existencial. Si la persona que quiere considerar trabajar con sordos es susceptible, propensa al resentimiento y no dispuesta a dejar pasar ofensas, incluso sin que medie una disculpa, le recomendaría buscar otras alternativas para servir, pero no el ministerio con sordos.

En 1995, al inicio de esta aventura, hicimos afiches para distribuir y pegar en diferentes lugares de nuestra comunidad, dando detalles de nuestra ubicación y contactos, a fin de informar y atraer a la mayor cantidad posible de personas sordas y sus familias. Esto ayudó a que, incluso si no se integraban a nuestro ministerio, muchos familiares de sordos nos buscaban para pedir consejos sobre sus diferentes situaciones. Y de eso se trata, la intención nunca ha sido destacar como un fin en sí mismo, sino mostrar el amor de Dios a esta población, a sus familias, sin importar si son miembros activos de nuestro grupo o no. Y dado que al inicio carecíamos del bagaje de experiencia que tenemos ahora, tuvimos que buscar apoyo y asesoría de varias instituciones, como por ejemplo el Consejo Nacional de Personas con Discapacidad (Conapdis), en aquel entonces llamado: ***Consejo Nacional de Rehabilitación y Educación Especial***, ente rector de la discapacidad a nivel nacional. Esta institución acogió a un grupo de sordos de nuestra congregación y les dio la oportunidad de ser capacitados en talabartería, un curso impartido en la ciudad de Moravia San José y en el que yo colaboré en modalidad ad honorem en la interpretación en Lesco.

En este caminar hemos sido invitados como grupo a centros educativos, iglesias de diferentes credos, instituciones del estado, campamentos etc. donde como grupo hacíamos dramatizaciones, mimos o canciones acompañadas de representaciones con expresión corporal, donde llevábamos mensajes de motivación y que transmitían principios de la palabra de Dios. Personas sordas, como es normal, iban y venían, pero siempre hubo un remanente que permaneció y que hasta el día de hoy están con nosotras.

Dentro de nuestras actividades, salíamos a evangelizar y un lugar frecuente para ir era la Plaza de la Cultura, en San José, ya que era uno de los puntos de encuentro de las personas sordas en Costa Rica. A causa de esas visitas, conocí a una persona sorda que trabajaba como diseñadora gráfica en un periódico nacional, quien se ofreció a hacer unos dibujos para un tratado evangelístico para sordos que finalmente diseñamos e imprimimos. Esto nos emocionó mucho, ya que nos sirvió no solo para darnos a conocer, sino para permitir que los sordos participaran en la tarea evangelística, al repartir los tratados y conversar con otros sordos sobre el Evangelio (ver figuras).

Con los años lo actualizamos, con el diseño de las ilustraciones realizadas por Mauricio Rojas, miembro activo del ministerio y en la edición y redacción por mi persona.

Los sordos buscan orientación en las personas que ven como referentes en los aspectos que, para usted lector y para mí son sencillos y básicos, aunque hay que tomar en cuenta que eso es producto del aislamiento social al que por su discapacidad han estado sometidos. Consultas de índole legal, de salud, educación, trabajo o incluso sobre cómo encontrar una dirección, demandan de los líderes una disposición de tiempo importante para atenderles individualmente y poderlos ayudar.

Es sumamente importante preparar líderes que demuestren madurez, crecimiento espiritual y fidelidad, e irles delegando la responsabilidad de estar al frente y asumir también el rol de dirigir en el tiempo de la música y las enseñanzas, así ellos generarán confianza en sí mismos, el ministerio se verá beneficiado al tener líderes sordos sólidos y la carga del liderazgo se alivianará al estar repartida entre varias personas.

En una ocasión, cuando no teníamos el nombre del ministerio, mi madre tuvo una visión en la que Dios le mostraba un muro que cubría el corazón del ser humano, tanto a nivel físico como espiritual, que solo a través de su palabra se podía romper para que se pudiera recibir el conocimiento de la palabra de Dios. Ella ilustró de inmediato con los materiales que tenía a su alcance dicha visión. Y ahí nació el nombre de **"Rompiendo las Barreras del silencio"**.

VISIÓN

Cuando las personas sordas empezaron a formar parte del ministerio, vimos que hubo un empoderamiento; cada actividad estaba permeada de las habilidades y destrezas que ellos habían descubierto de sí mismos, y ellos acogieron ese lugar como algo que los identificaba y que les daba seguridad. El simple hecho de compartir todo en su lengua y de recibir toda clase de información accesible para ellos, les dio fuerza para permanecer, para considerarlo su espacio, su momento, y el amar el nombre del ministerio ***Rompiendo las Barreras del Silencio***, cuya razón de ser eran ellos. Ellos utilizan una camiseta que los identifica como parte del ministerio, y esto les emociona, pues para ellos es Dios extendiéndoles un espacio para ser quienes ellos son sin prejuicios y donde se les enseña que se les trata con equidad independientemente de estatus, condición socioeconómica o académica, que son miembros valiosos de la sociedad, sobre todo que son hijos de un Dios que los ama tanto como al resto de la humanidad.

Allí pueden llorar, reír, y hasta enojarse y frustrarse con libertad, y desahogarse de los problemas que muchas veces les asfixian.

Las actividades son importantes para los sordos

Las actividades con las personas sordas son muy importantes, ya que les abre la puerta para la adquisición de información, de oportunidades y de crecimiento personal.

Dentro de la comunidad sorda se desarrollan actividades a nivel nacional e internacional que les permite a los sordos trabajar en pro de sus derechos, mejorar la estructuración y establecimiento de la Lengua de señas en sus países y también el empoderarse para representar a su país en varias actividades donde ellos sean los protagonistas y donde la información que ellos imparten sirva para hacer consciencia de las múltiples necesidades que tienen las personas sordas.

En *Rompiendo las Barreras del Silencio*, siempre Dios de alguna manera nos permitió desarrollar actividades internas para dar a conocer el mensaje de salvación, dar a conocer las destrezas y habilidades que ellos tenían y la posibilidad de comunicar al mundo del oyente que, ellos son personas pensantes, con habilidades y talentos y con muchos otros dones que la gente oyente desconoce de ellos. Esto hacía que se rompieran barreras conceptuales y actitudinales en la gente con respecto a las personas sordas.

Entre esas actividades, que usted puede desarrollar con los sordos están las siguientes:

A nivel de grupo

1. *Celebrar los cumpleaños de los sordos donde se ore por ellos (ellos lo esperan y les gusta) se les cante en señas y se les felicite. El grupo para ellos es como parte de su familia, a veces incluso con vínculos más significativos que con su familia natural.*

2. *En celebraciones como día de la madre, del padre, del niño, a ellos les gusta aportar con participaciones.*

3. *Celebraciones importantes para ellos también son necesarias, como la celebración de la Lengua de señas, la Semana Internacional de las Personas Sordas; son eventos que siempre hay que tomar en cuenta, realizando alguna actividad alusiva a eso,*

dándoles la oportunidad de que aporten ideas, organicen y presente una charla, teatro, drama, o simplemente cuenten alguna experiencia.

4. *Visitas a otras iglesias, o a otros grupos de personas sordas o personas con discapacidad. Y mucho mejor si tienen la oportunidad de tener alguna participación.*

5. *Campamentos para sordos.*

6. *Charlas, seminarios, congresos, cruzadas varias que tengan que ver con cosas de su vida cotidiana y que suman para adquisición de información valiosa para sus vidas.*

En nuestro caso fuimos a muchas iglesias, escuelas, colegios, museos, televisoras, actividades con personas con discapacidad en centros de rehabilitación, para niños con SIDA o en campamentos, congresos, marchas para Jesús, la primera que hubo en nuestro país y donde el grupo tuvo una participación exclusiva de presentarse con sus dramas en público en una de las avenidas más concurridas de nuestro país, **la Avenida Central**, evento por el cual Dios nos permitió proyectarnos con el ministerio frente a mucha gente.

Ya más adelante, Dios nos permitió desarrollar estas actividades en videos, para compartirlos con todo tipo de público a nivel nacional como internacional, siempre con la visión y misión de compartir la palabra de Dios a las personas sordas, un logro del ministerio y que ahora muchos reconocen como tal.

Es tanto lo que hay que hacer como obreros en esta misión de llevar la palabra9 de Dios a las personas sordas y de ir con cada paso rompiendo barreras, que una deseaba multiplicarse para cubrir todo el trabajo que se requería en el servicio. No obstante, en cada paso Dios ha actuado en su tiempo perfecto y hemos visto su bendición con los resultados de nuestro esfuerzo. Nuestra mayor recompensa ha sido siempre el poder guiar a las almas de esta población a los pies de Jesucristo.

Para conocer más sobre nuestro ministerio y trabajo, comparto los siguientes enlaces de contacto y códigos QR.

Canal de You Tube

Facebook

E-mail

rompiendobarrerasdsilencio@gmail.com
yulita.hidalgo.a@gmail.com
Ascopsi.sordos@gmail.com

CAPÍTULO IV

NOSOTROS LOS SORDOS

HISTORIAS

Las siguientes historias tienen detalles verídicos, pero son ficticias para proteger la identidad de las personas referidas, a fin de mostrar muchas de las realidades que hemos vivido con las personas sordas.

¿QUÉ HISTORIAS MARCARON NUESTRAS VIDAS?

Historia 1

Del ostracismo social a encontrar mi identidad

Nací en Venezuela, nací sorda y cuando nací, un señor anciano y una señora joven me llevaron con ellos. Yo no entendía quiénes eran estas personas que me acogieron en su casa, tampoco entendía el concepto de 'mamá' ni de 'papá', pues eran vínculos que desconocía desde que era una bebé hasta que más o menos empecé a tener memorias de mi vida.

A mis cinco años, mi familia salió de nuestro país de origen y se mudó a Costa Rica, donde nos fuimos a vivir en las cercanías del Río María Aguilar, en Barrio Cuba. Por ello, cuando a los seis años llegó a mi vida Yuli, aquella muchacha que hacía gestos con sus manos, gestos que no tenía en ese momento la menor idea de lo que querían decir, no me mostré dispuesta a darle mi confianza tan fácilmente. ¿Y cómo iba a hacerlo? pasé mis primeros años rodeada de personas que me daban ropa para vestir y comida, pero que ni tenía idea de quienes eran. En mi mente, yo era alguien que podía ver, respirar, comer, caminar y ni noción tenía de que existía el sonido. Y de súbito llegaba esta extraña a mi casa, que de un momento a otro empezó a visitar el lugar en que habitaba con más frecuencia, tres o cuatro veces a la semana, en las tardes.

Yo no tenía en aquel momento idea de que mi mamá consumía drogas y que el embarazo del que yo nací fue producto de sus momentos de drogadicción. Pero en mi corazón anidaba un rechazo que no entendía, porque mi mamá, al enterarse de su condición de embarazo de mí, había hecho todo lo posible por abortarme por sus propios medios, a través de métodos que le recomendaban. ¿Qué le hice yo para que me odiara de esa manera? de pronto, una persona de fuera, Yuli, se interesó en mí. Pero a mí no me interesaba al inicio saber de aquella persona extraña. Me parecía fuera de lo normal que intentara comunicarse conmigo moviendo sus manos, yo lo hacía simple, si quería algo, lo señalaba y punto, abría mi boca y hacía un sonido para llamar la atención. Esa cosa elaborada que Yuli hacía con las manos comenzó a captar mi atención, pero igual ni sabía qué era. Ella lo entendió, porque aprendió mi lenguaje de señalar cosas.

Al cabo de un tiempo, comprendí que esta persona no me haría daño, que hasta podía resultarme agradable, y en ese momento empecé a acercarme para comunicarme con ella, entonces hizo algo para mí inaudito: me invitó a dar un paseo con ella, con el permiso del anciano que vivía conmigo, salí con esta muchacha y la experiencia que tuve cambió mi mundo. Aquella fuerza que sentía soplar sobre mi rostro en otras ocasiones, ella me mostró que había una forma de darle nombre con las manos, que una seña lo podía identificar: era el viento; aquello verde que crecía en el suelo también tenía una seña y era el pasto. Me enseñó cómo nombrar muchas cosas que nos encontrábamos y aquello me dejó sorprendida.

Ella me enseño que existían las letras y que las letras formaban nombres que identificaban a las personas y a través de las personas que vivían con ella, me enseñó que existía el concepto de familia. Fue con ella que aprendí quiénes eran las personas con las que vivía: ¡ellas tenían una relación conmigo! ¡eran mi familia! quienes me habían recibido en el hospital al momento de nacer eran mi abuelo y una tía y en Costa Rica vivía con ellos y con varios hermanos.

Pero lo más impactante para mí fue enterarme de que yo tenía un nombre, uno con el que la gente me conocía, uno que me identificaba y que aquel nombre tenía un sonido y una forma de hacerse en señas. Yo pude hasta escoger una seña para identificarme.

Yo tenía restos auditivos y Yuli y su familia me ayudaron a conseguir un aparato para mis oídos, con los cuales descubrí algo más: ¡el sonido! y pude escuchar mi nombre por primera vez y escuché la voz de esa mi amiga, las voces de mi familia, el sonido de los vehículos, la gente gritando. Empecé a desarrollar un cariño por Yuli, esta amiga abrió un mundo para mí, ella me enseñó a comunicarme y yo quería ser como ella, vestir como ella, tener el cabello como ella: fue alguien que apareció de repente en mi vida y me mostró un amor que no buscaba nada de mí a cambio. Su familia me recibió como si fuera parte de ellos. Pasé mucho tiempo en la casa de estas personas especiales y hasta me quedaba a dormir allí.

Ellos me comenzaron a llevar a la iglesia, a un grupo donde había otras personas como yo. En una ocasión, como sucede cuando un niño dice su primera palabra, me aventuré a decir ¡Mi nombre! lo logré y les mostré a ellos, a mi amiga, que no solo podía pronunciarlo, sino escucharlo y darme cuenta de que ellos lo estaban escuchando y que se alegraban inmensamente conmigo por eso. Otra puerta dolorosa se abrió para mí, porque al descubrir las cosas me di cuenta de la historia de mi mamá. Me di cuenta de que era indigente y había estado en la cárcel y que no estaba con nosotros en Costa Rica a causa de esto. Al descubrir que tenía hermanos, los amé con todas mis fuerzas, porque eran parte de lo que yo era también.

Tristemente, mi abuelo perdió la vista y se hizo complicado para nosotros permanecer en la casa en la que vivíamos con mi tía y mis otros hermanos, a causa de nuestras limitaciones físicas, así que nos mudamos a casa de otra tía que también había dejado Venezuela para mudarse a Costa Rica.

Cuando mi abuelo murió, mi corazón se quebró porque para mí, era la persona que me había cuidado siempre y a quien amaba como se ama a un padre. Al entierro asistieron varios sordos, mis tías y mis hermanos. Fue en ese momento que conocí a mi papá. Esto sucedió así: yo estaba al lado de Yuli, quien fue avisada por su papá de que el mío estaba allí; resulta que él era un costarricense que había conocido a mi madre en un viaje a Venezuela, era abogado, pero no tenía ningún contacto cercano con mi familia y menos conmigo, él le preguntó entonces al papá de Yuli si yo quería conocerlo, a lo cual accedí. A pesar de todo lo vivido, lo abracé con todas mis fuerzas, ¡era tan parecido a mí! pero según entiendo, esto no era el nacimiento de una relación con mi papá. Él le dijo a Yuli que cuidara de mí y que me diera su cariño, pero que él estaba muy complicado para incluir en su vida a una niña como yo. Luego de esa ocasión, no le volvería a ver hasta llegar a mi edad adulta, más de quince años después.

En ese momento, Yuli y su familia me buscaron atención psicológica, para poder lidiar con toda la montaña rusa de situaciones que tenía frente a mi vida, pues para entonces era yo una niña de unos once años. Aquella familia de Yuli me buscó un centro educativo y allí logré graduarme de primaria con otro grupo de niños sordos como yo. Luego de esto pasé a vivir a casa de una de mis tías. Te cuento esto para que comprendas cosas que pasaron después, para que no me juzgues con dureza, porque tal vez en tu caso, no pasaste por lo que yo pasé. En mi nuevo hogar no comprendían como tratar conmigo, por eso busqué llenar mi vida de las formas en que se me ocurrió que podría alcanzar satisfacción y felicidad.

Yo fui abusada sexualmente, y luego me prostituí, consumí drogas, seguí el mismo patrón de mi mamá. Llegué a estar embarazada y di a luz a un bebé, pero yo, a pesar de que quería ser madre, no sabía cómo hacerlo. Yo no dejaba que nadie más se acercara a mi hijo, me encerraba con él. Me consiguieron atención psicológica una vez más y para mi enorme tristeza, las autoridades me quitaron a mis hijos y los dieron en adopción. Podrás imaginar el pesar en mi alma por todo esto.

Años después me casé con un hombre que consumía droga, así que mis problemas de adicción no cesaron.

Hoy estoy divorciada y vivo sola en alguna parte de Costa Rica. Tengo conocimiento del Evangelio que sembraron en mi corazón. Pero para mí es difícil abrir mi alma a esas cosas porque mi alma está muy herida y no es sencillo. Pero Yuli y su familia me dieron de su tiempo, de su amor, me mostraron el amor de Dios y le estaré siempre agradecida por eso.

Historia 2

La Princesa se elevó al cielo

*En aquella familia tan sumida en pobreza
donde el mayor tesoro era un bollo de pan,
de seis años y sorda estaba allí una princesa,
que reinaba entre el hambre cual si fuese normal*

*Y era tal desespero el de aquella familia
por llenarse su vientre con algún alimento,
que esperando comida hasta les daba vigilia
y si al fin comían, la princesa comía viento*

*Desnutrida vivía así la pobre princesa
y sus padres por verla en verdad no sumaban
pues vivían por el guaro, el alcohol, la cerveza,
y aún de cuerpo presente, para ella, no estaban*

*Y aparece en la vida Yuli y sus parientes,
padre, madre y un grupo de sordos amigos,
para darle una mano y amarle sonrientes,
porque de amor de Dios ellos son muy testigos*

*¿Cuánto valen los lujos si no tienes nada?
Y en el reino de horror de esta linda princesa,
de seis años, de niña que hambres pasaba,
la comida valía más que cualquier riqueza*

*Y llegando aquel grupo de sordos como ella,
con Yuli y su madre con fuerza le amaron,
con mucha paciencia ella aprende de señas,
los brazos de un Dios amoroso le abrazaron*

*Y palpita con fuerza aquel corazoncito,
cuando mira a otros niños caminar a la escuela
porque anhela su alma llevar zapatitos,
uniforme, mochila, y así su mente vuela*

*La mamita de Yuli sabiendo todo esto
ora a Dios porque ayude a cumplir ese sueño,
y buscando quien pueda dinero dar presto
se ocupa del detalle, hasta del más pequeño*

*Y así la princesa del hambre y pobreza,
pasó a conocer el amor de un Dios bueno
que tuvo cuidado y le dio esa certeza
que en Él estaría su destino que es pleno*

*Pero entre todo esto surgió el cruel momento,
aparece el descuido, y la gran distracción
porque la princesa toma un medicamento
más su cuidadora cayo en confusión*

*Y errada botella su mano errabunda
tomó del estante y no se percató,
y aquello envenena de forma profunda
a la hermosa princesa que no resistió*

*Y el tiempo que cruel avanzó sus segundos
cuando la ambulancia a la casa arribó,
cruel permitió a aquel veneno iracundo
cumplir el efecto que a la niña mató*

*Dolor esto trajo doquier en los sordos,
en Yuli, en su madre y aquel que le amó,
más luego una paz y consuelo hay en todos:
hoy esa princesa ve el rostro de Dios*

Y el mundo en común no entiende qué pasa,
más todos sabemos que hay destino bueno,
pues ya la princesa no sufre, está en casa,
porque la princesa se elevó al cielo.

Marco Guzmán
2 de febrero, 2022

Historia 3

La carrera por una casa

Percibo los sonidos de forma vaga. Soy lo que llaman, un sordo y habito con mi hijo de nueve años, en las faldas del Volcán Irazú. Pero por muchos años viví en Alajuelita.

¿Cómo llegué hasta Cartago?

En Alajuelita vivía con un amigo también sordo, por los conflictos que había entre mis familiares, en un lugar donde estábamos hacinados. Jamás conocí a mi papá y mi mamá había muerto de un infarto siendo yo muy niño. "Todos mis tíos y tías con una excepción vivían en condiciones de pobreza extrema. Cuando conocí a Yuli y a sus papás, pude experimentar el amor de Dios por mí de varias formas. Ellos se preocuparon por negociar con una de mis tías que tenía la oportunidad de recibirme en su casa con condiciones de vida mucho más dignas. Y así pasé a vivir con ella".

Yuli y su mamá me invitaron a su grupo de sordos y a partir de ese momento me integré a ***Rompiendo las Barreras del Silencio.*** Yo era bastante activo en ese grupo: participaba en dramatizaciones, mimos y actividades de evangelismo en los parques.

Entonces conocí a una muchacha de la que me enamoré y con la que tuve una bebita. Como mi tía no podía tenernos a los tres en casa, tuve que buscar donde mudarme.

Años antes, mi abuela, que me había criado, me había heredado una propiedad en Alajuelita, pequeña y en una ubicación cercana a un río contaminado y allí, con la ayuda de los miembros del grupo de sordos, logré construir una muy modesta casa. Pero cuando mi hijita tenía dos años, mi novia se fue de casa, dejándonos a nosotros dos.

La casa, por el lugar donde estaba ubicada, no era adecuada para que ella creciera allí: mal olor, humedad, ruido de vecinos peleando, pandillas en los alrededores...Los papás de Yuli me convencieron de que era urgente para mí salir de ese lugar.

Entonces, Yuli comenzó a hacer gestiones para lograr mejorar las condiciones de mi casa, buscando en diferentes instituciones de bien sociales donaciones que me ayudaran a tener una vivienda en mejores condiciones, especialmente por mi niñita.

Así, una institución privada, enfocada en temas de ayuda social a personas en extrema pobreza, escogieron mi caso para ayudarme. Para eso, Yuli tuvo que hacerse cargo de todos los trámites administrativos e invertir de su tiempo y dinero para que finalmente se materializara aquella oportunidad. En un inicio, llegaron a revisar la propiedad en la que estaba, para ver si construían una nueva casa en el lugar, pero decidieron que no tenía las condiciones adecuadas, Por esa razón y teniendo aquella organización disponibilidad de una propiedad en las montañas de Cartago, me construyeron una hermosa casa nueva en ese lugar, consiguieron que una empresa me diera trabajo y que mi hijita se pudiera matricular en una escuela.

¡Gracias a Jesucristo por prodigarse en amor hacia mi persona y gracias a Yuli y su familia, por el amor hacia los sordos con los que logran tener contacto!

Historia 4

Dios cuida de nosotros, pero necesita que ustedes nos den una mano...

1

Yo era un indigente que dormía en un vehículo viejo y descartado en un lote baldío, hasta que el papá de Yuli me encontró, me sacó de allí y junto con la familia de Yuli, me ayudaron a aprender a comunicarme y reintegrarme con mi familia.

2

Yo vivo en una casa de madera en Desamparados, con moho y olor a humedad junto con mi papá, que es una persona con discapacidad que no puede caminar. Mi perrito murió y la familia de Yuli me regaló una perrita que ha alegrado mi vida y ahora acompaña a mi gato y a un gallo. En el grupo de sordos que lideran Yuli y su mamá me han dado amor y me siento en familia.

3

Yo soy un sordo de las montañas de Alajuelita. Sé dibujar y trabajar la madera, pero no tengo trabajo en eso. Quiero tener la oportunidad de un trabajo en el que pueda usar mis habilidades. Soy parte de ***Rompiendo las Barreras del Silencio*** desde hace muchos años y les doy gracias por amar a todos los sordos.

4

Soy una sorda de zona rural, mis papás son agricultores. Un día tuve la alegría de que me aceptaran como estudiante en un curso de mecánica en una entidad estatal. Yuli fue contratada como mi intérprete para asistirme personalmente, pero el profesor del curso, conforme este fue avanzando, comenzó a hostigarme de las formas más perversas: me pedía que me quedara luego de clases para hacer lo que él llamaba 'prácticas adicionales.' y allí, comenzó a intentar tener contactos físicos conmigo que me incomodaban, a piropearme de formas pasadas de tono, de la misma forma intentó propasarse con Yuli. Le conté a mis papás, pero por su contexto no tenían idea de cómo defenderme, solo pudieron llorar y abrazarme. Pero Yuli sí tomó las riendas en esa penosa situación de acoso sexual y levantó una denuncia ante la administración de la institución. Y para nuestra tranquilidad, ese señor fue despedido, ya que tenía además dos antecedentes serios. ¡Gracias Yuli por no dejar que esto pasara inadvertido!

Cultura y comunidad sorda

¿QUÉ ES LA CULTURA DEL SORDO?

La cultura de las personas sordas

Utilizado para definir la forma de vida de las personas sordas, para transmitir:

- *Lengua propia*
- *Costumbres*
- *Valores*
- *Tradiciones*

La cultura del sordo se define como el conjunto de conductas aprendidas de un grupo que tiene su propia lengua (La Lesco), valores (trato de tú a tú con los demás, normas de cortesía hacia los demás, reglas para conducirse y en general la forma correcta de interactuar con las personas sordas).

Cuando se quiere comunicar un mensaje a la población de personas sordas en un aula, por ejemplo, la distribución espacial debería ser en un círculo, dado que el mensaje lo reciben de manera visual. También se relaciona con el contacto corporal entre las personas, a ellos les gusta que los abracemos, también tiene que ver con las formas diversas de expresión *viso-gestual-manual-espacial*, en la forma de contar sus historias, chistes, cuentos y expresión del arte y tradiciones.

Hay eventos y actividades que tienen gran importancia para la comunidad sorda, como la conmemoración de algunas fechas muy importantes para ellos, declaradas por la Ley 9822, **Reconocimiento y Promoción de la Lengua de Señas Costarricense (Lesco),** por ejemplo el 19 de julio **"Día de la Lengua de Señas Costarricense (Lesco)**, el 21 de setiembre **"Día de la Comunidad de personas sordas de Costa Rica"** y la semana internacional del sordo (esta no está estipulada en la ley, ya que es una fecha mundial).

La lengua y la cultura están relacionadas entre sí; en los sordos define su propia manera de ver y expresar cómo interpretan el mundo e interactúan en él.

Es primordial para una persona sorda contar con una cultura que esté arraigada al lenguaje, porque esto le ayudará en su crecimiento social, lingüístico, intelectual y emocional, pero, sobre todo, para interiorizar la lengua de señas como un canal de comunicación.

La cultura sorda es el corazón de las comunidades sordas en cualquier parte del mundo; cada comunidad sorda es un grupo cultural que comparte una lengua de señas y una herencia en común. A nivel mundial, los miembros de esta comunidad se identifican como miembros de un grupo cultural y lingüístico.

La identidad con la comunidad sorda es una elección personal, y es usualmente independiente de la herencia de cada individuo y del estatus de las personas. No es exclusivamente conformada por personas sordas, sino que también incluye a sus familiares, a los intérpretes de lengua de señas y a las personas que trabajan y socializan con las personas sordas y se identifican con su cultura. Señala el vínculo natural que tiene la persona sorda con la Lesco. Ellos poseen una identificación y conciencia de su condición, que procesan **como una característica cultural y no como una discapacidad.**

Las personas sordas tienen sus propias organizaciones locales, nacionales e internacionales alrededor del mundo, referentes a ámbitos sociales, deportivos, educativos, religiosos y literarios. Por lo general las personas sordas se conocen unas a otras en reuniones de clubs, eventos diversos a nivel social, deportivos, convenciones, foros, seminarios y congresos para sordos en donde comparten información, dudas y apoyo mutuo.

Persona sordociega

Es aquella persona que presenta pérdida auditiva y visual de forma simultánea, en ocasiones con mayor grado en uno u otro sentido. Pueden hacer uso de la LESCO de manera asistida. Para esta población existe el sistema dactilológico, como un sistema de comunicación y no como una lengua.
A diferencia de las personas sordas, no se identifican con la cultura y la comunidad de las personas sordas.

La Lesco es una lengua, el sistema de comunicación dactilológico NO es una lengua. La ceguera sí se considera una discapacidad y no una cultura

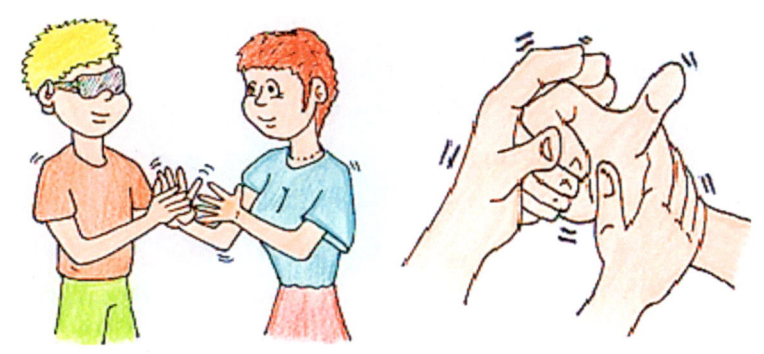

Comunidad sorda

La comunidad de personas sordas es muy variada, y dentro de ella, cuando una persona se interesa en aprender la lengua de señas y/o ya la maneja, los sordos por lo general son abiertos y les gusta compartir, acercarse a los oyentes para conocerlos e interactuar con ellos. Hay, sin embargo, características que les identifican, como:

- *Grupo de personas que vive en una localidad determinada.*

- *Comparten metas comunes de sus miembros y trabajan para su realización.*
- *Puede incluir personas que no sean sordas, pero cuya actividad apoya las metas de la comunidad y trabaja con sordos para alcanzarla (familiares, personas que saben algo de la lengua de señas, profesores de personas sordas, amigos de las personas sordas, y los intérpretes de lengua de señas).*
- *La forma de ver a la persona sorda antes era como si tuvieran una enfermedad, se enfocaba meramente en la parte médica y solo observaba al sordo con la imposibilidad de escuchar y buscaba la rehabilitación. Hoy ese modelo ha cambiado hacia uno sociocultural, viéndolos como un grupo que cuenta con su propia lengua con la cual logran comunicarse y son percibidos por varios estratos de la sociedad, aunque lamentablemente no por la generalidad, como personas que son de gran valor y que pueden comunicarse de formas muy variadas.*
- *También dentro de la comunidad sorda se entienden como valores aquellos que les dan una identidad como personas sordas y que impulsan las luchas con el fin de garantizarles acceso a la información y comunicación, de forma que estas barreras cada vez se vayan rompiendo más y más.*

- *Es característico de las personas sordas tener conversaciones muy prolongadas, el tiempo para ellos es irrelevante. Como cuando asisten a un restaurante, ellos son los últimos en salir y aun cuando ya han cerrado ellos están conversando como si nada, existe una gran necesidad de expresarse con sus iguales.*
- *Las múltiples maneras de expresión corporal son también muy características en ellos, sin necesidad de hablar en señas.*
- *Hay conmemoraciones de gran importancia dentro de la comunidad de personas sordas, para las que se desarrollan diversas actividades entre las organizaciones y asociaciones de personas sordas a lo largo y ancho del país.*
- *En la comunidad sorda hay sordos con mucho talento artístico que se destacan por realizar poesía, canciones, imitación de animales a nivel corporal; esto es muy impresionante verlo, ya que poseen una gran capacidad imaginativa y creativa.*
- *Además, su cultura incluye el uso de una lengua distinta a las demás.*

Uso de la lengua de señas

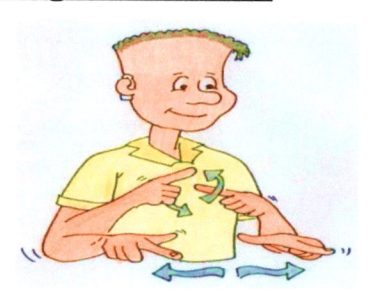

La comunidad sorda está compuesta por personas de distintos grupos culturales. El uso de la lengua dentro de la comunidad es distinto de su uso en grupos culturales particulares. La lengua de la cultura del sordo es la lengua de señas costarricense, Lesco. Los sordos prefieren usar la lengua de señas en actividades públicas, y la seña se acompaña de la voz. Cuando los sordos están involucrados en actividades de la comunidad que incluyen a oyentes, usan el castellano; ellos podrían elegir el uso de una variedad de castellano señado.

El uso de la lengua de señas a nivel de la comunidad es bastante flexible. Dentro del grupo cultural, la lengua está más restringida. La lengua de señas es la lengua natural de las personas sordas, se basa en movimientos y expresiones a través de las manos, los ojos, el rostro, la boca y el cuerpo (modalidad viso-gestual-manual-espacial).

Muchas personas sordas se comunican con esta lengua y requieren de un intérprete para poder relacionarse con personas oyentes, que no dominan la lengua de señas.

Las personas sordas tienen por lo general sus cuerdas vocales sanas. El término "sordomudo," por tanto, es un mito de nuestra sociedad, ya que las personas sordas tienen la capacidad de hablar y leer o interpretar los movimientos de los labios (lectura labiofacial).

La comunidad de personas sordas de Costa Rica ha desarrollado una lengua propia como sistema lingüístico, que permite la comunicación y cohesión cultural entre sus miembros. La lengua de señas costarricense (Lesco) es patrimonio cultural y lingüístico de las personas sordas (declarado en la Ley 9822).

En nuestro país, el nivel de analfabetismo de la comunidad de personas sordas ronda alrededor de un 60%, lo cual significa que la mayoría de las personas sordas no comprenden el castellano de la misma manera en el que lo hacen las personas oyentes.

Tal y como se mencionó, la lengua de señas es el mejor medio de comunicación para las personas sordas, ya que les permite una forma de expresar sus necesidades, pensamientos y comprender las expresiones de los demás. De la misma forma en que una persona ciega usa el sentido del tacto para leer, la persona sorda puede "oír" a través de la vista, en ambos casos se están usando órganos y sentidos para sustituir las facultades que no tienen.

En nuestro país el número de las personas sordas asciende a una población de alrededor de setenta y un mil personas, según censo del instituto Nacional de Estadística y Censo (INEC) del año 2011; esta cifra constantemente se eleva porque cada vez son más las personas que adquieren el estatus de discapacidad debido a la pérdida auditiva. La ley

8,661 **'Convención de los derechos de las personas con discapacidad'** reconoce y establece que la lengua de señas tiene el mismo estatus que las lenguas habladas y obliga a los estados parte a que faciliten el aprendizaje de las lenguas de señas y promuevan la identidad lingüística de la comunidad de las personas sordas. Según la Federación Mundial de Sordos, existen aproximadamente 72 millones de personas sordas en todo el mundo. Más del 80% vive en países en desarrollo y utilizan más de trescientas diferentes lenguas de señas.

¿Sabías que el lazo turqués es el símbolo de lucha de la comunidad sorda?

Este lazo es usado por la comunidad sorda a nivel internacional, y simboliza la lucha que ellos han dado a lo largo de su historia, por el reconocimiento de sus derechos como personas, porque la sociedad sea más inclusiva y que se reconozca su lengua oficial y natural de ellos como sordos.

Como lo expresase Colin Allen en *The Blue Ribbon Ceremony:*

"Nos hemos reunido esta semana para celebrar nuestras vidas y nuestras comunidades sordas. De ello da testimonio lo que está ante nuestros ojos ahora –gente Sorda de todas partes del mundo, de todas las edades y todos los colores-, esta diversidad reunida en unidad. Celebramos con orgullo nuestra historia, nuestras artes y nuestras culturas. Y celebramos nuestra supervivencia. A pesar de las adversidades y de la opresión estamos

todavía aquí, y somos más fuertes que antes. Pero recordemos lo que significa estar reunidos aquí, vivos, como una parte de la colorida diversidad de la raza humana. Y recordemos hoy que muchos de nosotros y de nuestros ancestros han sufrido en manos de aquellos que creen que no deberíamos estar aquí. Estamos aquí para recordarlos a ellos también".

Beneficios de la lengua de señas

*Amigos todos, en este verso yo les voy a contar
lo que la Lengua de Señas puede dar a sus vidas,
para que puedan saber cómo les va a beneficiar
les tengo aquí tremenda lista y bien nutrida*

*Tu expresión corporal aumentará con destreza
y aún con gente a distancia te podrás comunicar.
¡Qué creativa esa persona!, te dirán con sorpresa,
y aún sumergido en agua podrás siempre conversar*

*Si en fiesta o conciertos tienen música estridente
y la gente su garganta ya desgasta con gritos,
con sonrisa oreja a oreja muestra todos tus dientes,
porque sin dañar tu voz, conversas con tus amiguitos*

*Solo abre tus ojotes y con gestos muy, muy claros
haz las señas a los otros, si es el sordo y su familia,
con tus manos, con tu cuerpo y tu rostro acompañado,
hasta deletrear se puede y quedan todos en vigilia*

Y también los numeritos solo harás con una mano,
y verás lo emocionante en grandes posibilidades,
pues a todos los señantes podrás ver como hermanos,
tanto grandes y pequeños, pues en esto no hay edades

Marco Guzmán
12 de febrero, 2022

La educación del sordo en Costa Rica

Tradicionalmente, la educación costarricense ha considerado los principios del enfoque humanista como uno de sus pilares principales. Dentro de la corriente del humanismo se considera la educación como un proceso de aprendizaje individual que abarca toda la vida del ser humano.

Se pretende la formación de una persona que responda a los retos del mundo cambiante como "un ser provisto de potencialidad genética para interactuar armoniosamente con el ambiente, susceptible ante los valores universales y culturales" (M.E.P 1191).

La educación es un derecho de todos, es un proceso a través del cual los niños y jóvenes comprenden su entorno, se construyen a sí mismos y adquieren las herramientas para convivir con otras personas. La Declaración Universal de los Derechos Humanos en su artículo 26 establece: "Toda persona tiene derecho a la educación. La educación debe ser gratuita, al menos en lo concerniente a la instrucción elemental y fundamental. La instrucción elemental será obligatoria. La instrucción técnica y profesional habrá de ser generalizada; el acceso a los estudios superiores será igual para todos, en función de los méritos respectivos."

La educación tendrá por objeto el pleno desarrollo de la personalidad humana y el fortalecimiento del respeto a los derechos humanos y a las libertades fundamentales; favorecerá la comprensión, la tolerancia y la amistad entre todas las naciones y todos los grupos étnicos o religiosos, y promoverá el desarrollo de las actividades de las Naciones Unidas para el mantenimiento de la paz.

El Instituto Nacional de Estadística y Censos INEC, efectuó en el año 2011 el décimo censo de población, que dio los siguientes resultados: Costa Rica llegó a una población total de 4,301,712 personas, después de haber iniciado el Siglo XXI con 3,810,179 habitantes, según el censo del 2000. Del total, 70,709 son **Personas Sordas**, lo que equivale al 1.6% de la población, y se encuentran distribuidas entre las 7 provincias como se expone en el siguiente cuadro.

Cuadro Estadístico
Población de personas sordas distribuidas por provincia

PROVINCIA	PERSONAS SORDAS	PORCENTAJE
San José	23,082	32.64%
Alajuela	13,941	19.72%
Cartago	8,069	11.41%
Heredia	7,129	10.08%
Guanacaste	5,374	7.60%

Puntarenas	6,755	9.55%
Limón	6,359	8.99%
TOTAL	70,709	100.00%

De esta población hay 4,942 escolarizadas en diferentes niveles del Sistema Educativo. Las edades de la población escolarizada están entre el nacimiento y los 20 años.

Se estima que las provincias con mayor población sorda son San José, Heredia y Cartago.

Se han realizado esfuerzos aislados y no integrados por parte de diferentes instituciones en favor de la educación de la población sorda.

Desde el Centro Nacional de Recursos para la Educación Inclusiva (CENAREC), institución encargada de promover acciones en apoyo a los procesos educativos de la población con discapacidad del país, se han realizado investigaciones sobre la Lesco. Además, el CENAREC imparte cursos de Lesco gratuitos y certificados por el Servicio Civil. También en la página web, se realizó un diccionario de la Lengua de señas costarricense (Lesco). Con los estudios realizados se modifica el programa de español como segunda lengua para estudiantes sordos.

El Ministerio de Educación Pública (MEP) da servicios de apoyo itinerante o fijo en audición y lenguaje, que intervienen desde el nacimiento hasta el ciclo diversificado.
Los programas del Ministerio de Educación aplicados a las personas sordas del país son los mismos que se utilizan en el sistema educativo regular. En algunos Centros de Educación Especial y Centros Integrados se cuenta con programas de

lectura labio facial, articulación y entrenamiento auditivo exclusivos para la población sorda. Además, cuentan con lecciones de español como segunda lengua en preescolar, primero y segundos ciclos.

Entre los servicios educativos que se dan a las personas sordas del país están, en educación especial:

1. Centros de Educación Especial: Centeno Güell y Escuela Dr. Carlos Sáenz Herrera.

2. Aulas Integradas de Audición y Lenguaje
(Alajuelita, Heredia, Alajuela y Naranjo).

3. Servicio de Tercer Ciclo y Ciclo Diversificado Vocacional.
En la **Educación Regular** se prestan los siguientes servicios:
a. Servicio de Apoyo Itinerante en Audición y Lenguaje (nacimiento a Ciclo Diversificado).
b. Servicio de Apoyo Fijo en Audición y Lenguaje en colegios que cuentan con Apoyos Educativos en Tercer Ciclo y Educación Diversificada.

En la **Educación para Adultos** se presta el Servicio Educativo para Personas Sordas Jóvenes y Adultos. CINDEA de Montes de Oca.

EL MEP tiene como política la inclusión de las personas sordas en las aulas regulares, brindando los apoyos educativos requeridos:
- ❖ **Personal con dominio de la LESCO**
- ❖ **Dispositivos auditivos y tecnológicos**
- ❖ **Apoyos curriculares**

Sin embargo, pese a los esfuerzos que el *Ministerio de Educación* ha realizado, existe en nuestro país una deuda grande en cuanto a la educación de la población sorda. Al no existir programas específicos que se adapten por completo a las personas sordas, existen pocas personas calificadas para enseñar español como segunda lengua para personas sordas, no se cuenta con la cantidad necesaria de docentes sordos aptos para enseñar la Lengua de señas costarricense (Lesco), además, los apoyos no pueden ser utilizados por todas las personas sordas de forma generalizada y para poder cumplir con esta demanda se requerirá de un aumento presupuestario significativo (Según la Ministra de Educación Pública expresó en el 2021).

El MEP plantea una propuesta de implementación en las instituciones educativas, en las que refiere a escuelas Inclusivas para personas sordas:

- *Docentes de Apoyo Fijo en Audición y Lenguaje.*
- *Lecciones de apoyo educativo.*
- *Lecciones de comunicación.*
- *Lecciones de Español como Segunda Lengua.*
- *Acompañamiento dentro del aula.*
- *Acompañamiento a docentes regulares y padres de familia.*
- *Modelo Lingüístico: Persona Sorda que imparta LESCO al centro educativo.*

Mucha de esta población, por restricciones en los sistemas educativos, observan problemas de falta de acceso a oportunidades educativas, por ende, hay un índice de desempleo importante.

La legislación nacional garantiza el financiamiento de programas para la atención de poblaciones con discapacidad.

Históricamente, la educación de los alumnos sordos se enfoca, mayoritariamente, dentro de paradigmas médico-patológicos, considerados como personas con un déficit por suplir. A partir de la década de los ochenta se produce un reposicionamiento conceptual, en el caso de los alumnos sordos, los enfoques de índole sociocultural proponen una mirada antropológica y social de la comunidad sorda, y propugnan la ubicación de las propuestas educativas dentro del marco de la Educación intercultural Bilingüe (EIB) o del Bilingüismo Bicultural (Bi-Bi Education). Por su naturaleza viso-gestual, la lengua de señas es la que los alumnos sordos adquieren en forma completa con más facilidad. Grosjean (2001) afirma que la educación bilingüe se tendría que planear, entonces, en términos de derechos. Todo estudiante sordo, independientemente de su nivel de pérdida auditiva, debería tener el derecho a crecer bilingüe. El bilingüismo es el único modo en que pueden satisfacer sus necesidades y comunicarse con el mundo, relacionarse con su entorno y de esta forma, tener garantizada la oportunidad de sentirse cómodos, tanto en su cultura oyente como en la cultura sorda.

La ausencia de comunicación en la temprana infancia suele tener consecuencias importantes para el desarrollo a lo largo de la vida de una persona. Siegel (2000, 2002) enfatiza que, para los estudiantes sordos, el derecho a la comunicación y al lenguaje es tan importante como el derecho a la educación.

La lengua oficial en Costa Rica es el castellano, teniendo en cuenta dos modalidades: la oralidad y la escritura.

Tradicionalmente, la oralidad precede la enseñanza de la lectura y la escritura. Sin embargo, los antecedentes fonológicos suelen estar menoscabados en estudiantes sordos, lo que obstaculiza el camino a la alfabetización, ya que, en el caso de las personas sordas, deberán aprender el español como segunda lengua. La lectura y la escritura se presentan desde la visión y en forma separada de la oralidad. La lengua oral se desarrolla desde enfoques y metodologías de lenguas segundas, aunque no se puede determinar a priori el nivel de avance. En lectura y en escritura, en principio, por ser procesos eminentemente visuales, no deberán registrarse mayores impedimentos en su aprendizaje.

A partir de todo lo anteriormente mencionado, a nuestro entender resultaría necesario aplicar la normativa vigente para la educación de las personas sordas, la oficialización de la Lengua de Señas Costarricense, Lesco, ya que este hecho genera una mayor legitimación de la lengua como tal, al extender las posibilidades de comunicación de sus hablantes.

"El lenguaje es un sistema de símbolos especial que puede ser expresado de muchas maneras diferentes. El habla es un método para utilizar ese sistema de símbolos, otros métodos incluyen a la escritura, la imprenta y el deletreo con los dedos". (María Infante, 1996). Por otra parte, adoptar un modelo interculturalidad bilingüe en estos casos implicaría destinar recursos necesarios a la capacitación y formación de docentes y, por otra parte, requiere continuar con la inversión en producción de materiales didácticos visuales y/o escritos que contemplen las propuestas pedagógicas.

Al visualizar las necesidades educativas de un sector de la población, fortalecerlas y acompañarlas con la legislación correspondiente, es parte esencial para igualar en derechos y oportunidades a todo estudiante el sistema educativo nacional. También a la incorporación de docentes sordos, hecho que ya ocurre en algunas instituciones educativas. "Lo ideal sería introducir el método de Comunicación Total." Este método utiliza cada fuente disponible para enseñar a los sordos: la lectura de los labios (labio- lectura, labiofacial), la lengua de señas, la lectura, el drama, el dibujo, las ayudas visuales y los aparatos del oído (audífonos y otros amplificadores), en las escuelas y colegios de oyentes, con el fin de que todos puedan compartir la conversación sin mayores tensiones en todo momento. La comunicación es meta final; no solo cumplir con una filosofía de la educación.

El 29 de mayo de 1996 se publicó en el Diario Oficial de Costa Rica, La Gaceta, la *Ley Igualdad de oportunidades para las personas con discapacidad* **(N° 102, La Ley 7600)**. Este hecho marcó un hito importante en la historia para las personas con discapacidad, ya que propone la igualdad de derechos, deberes, condiciones, oportunidades y crecimiento intelectual, que deberá ser igual al de los demás habitantes del país. En cuanto a la educación, garantiza el derecho de que se imparta según la capacidad o dificultad de aprendizaje sin forzar a la persona. En el Artículo 6°. - Inclusión del reglamento de la ley General de Educación, menciona: *"El Sector Educación está comprometido a desarrollar un sistema de educación inclusiva con salidas múltiples y fortalecer modalidades de esta educación, mediante programas y acciones educativas que respondan a las necesidades de niños, niñas, adolescentes, jóvenes y adultos trabajadores y personas con discapacidad".*

Por lo tanto, la educación adquiere mayor importancia, dando como resultado la mejoría en la misma para este tipo de personas con discapacidad auditiva. Actualmente existen escuelas adaptadas o especializadas para personas con discapacidad; sin embargo, no se cuenta con colegios capacitados o que suplan estas necesidades que ayuden a esta población a incorporarse a la sociedad y mejorar su calidad de vida. En los centros educativos se crea un aula integrada, que reúne a todas las personas con diferentes discapacidades en un solo lugar. Empero, esto no es lo recomendable, ya que cada discapacidad debe tratarse de distinta manera.

La educación no tiene solo el objetivo de preparar a los estudiantes para el empleo, sino que debe contribuir también a la preparación de las personas sordas para la vida ciudadana, su desarrollo cultural y político y su vida privada. Por ende, esto demanda programas que los ayuden a desarrollar valores universales, una conciencia medioambiental y comprensión hacia la diversidad cultural y lingüística. Se trata además de una formación estratégica para el país.

En primer lugar, porque le permite incrementar su productividad y competitividad, al generar el recurso humano que la economía nacional requiere en áreas emergentes del mercado laboral como servicios, ciencia, tecnología, innovación y emprendimiento. En segundo lugar, porque, debido a sus características, este tipo de educación es uno de los mecanismos más importantes con los que cuenta el país para lograr que las personas sordas se mantengan en el sistema educativo formal o no formal, aumentando así sus oportunidades futuras de empleo, ingreso y riqueza.

ALFABETO EN LENGUA DE SEÑAS COSTARISENCE
LESCO

CAPÍTULO V

LA SORDERA

¿QUÉ ES LA SORDERA?

La sordera en cuanto a "deficiencia" se refiere a la pérdida o anormalidad de una función anatómica y/o fisiológica del sistema auditivo y tiene su consecuencia inmediata en una **discapacidad para oír**, lo que implica un **déficit en el acceso al lenguaje oral**.

Partiendo de que la audición es la vía principal a través de la cual se desarrolla el lenguaje y el habla, debemos tener presente que cualquier trastorno en la percepción auditiva del niño a edades tempranas, definitivamente va a afectar su desarrollo lingüístico y comunicativo, así como sus procesos cognitivos y consecuentemente, su posterior integración escolar, social y laboral (FIAPAS, 1990).

Dependiendo del momento de aparición, del tipo y del grado, las perdidas auditivas pueden ser:

Según el momento de adquisición:

- **Sordera prelocutiva:** la pérdida auditiva está presente antes de que se haya desarrollado el lenguaje.
- **Sordera postlocutiva:** la pérdida auditiva aparece cuando ya existe lenguaje.

Según la localización de la lesión:

- **De conducción o de transmisión:** presentan alteraciones en la transmisión del sonido a través del oído externo y medio.

- **De percepción o neurosensorial:** son debida a lesiones en el oído interno o en la vía nerviosa auditiva.
- **Mixta:** la causa es conductiva y de percepción.

Según el grado de pérdida auditiva:

- **Pérdidas leves:** el umbral de audición está situado entre 20 y 40 dB
- **Pérdidas medias:** umbral de audición entre 41 y 70 dB
- **Pérdidas severas:** umbral de audición entre 71 y 90 dB
- **Pérdidas profundas:** el umbral de audición supera los 90 dB y se sitúa entre 91 y 100 dB

(Clasificación del Bureau Internacional de Audiofonología -BIAP-)

Dependiendo del momento de aparición de la pérdida auditiva, del tipo y el grado de la misma, las consecuencias que tiene la sordera sobre el desarrollo comunicativo y lingüístico de la persona variarán y condicionarán la orientación y el tratamiento audio-protésico y rehabilitador, que será necesario aplicar en cada caso con el fin de que la persona con discapacidad auditiva pueda desarrollar con mayor facilidad y de manera más natural todas sus capacidades y habilidades cognitivas, comunicativas y lingüísticas, y acceder a mejores opciones vocacionales y laborales.

CAUSAS DE LA SORDERA

Las causas de pérdida de audición y sordera se pueden dividir en congénitas y adquiridas.

Causas congénitas. Pueden determinar la pérdida de audición en el momento del nacimiento o poco después. La pérdida de audición puede ser por factores hereditarios y no hereditarios, o por complicaciones durante el embarazo y el parto. Entre ellas:

- Rubeola materna, sífilis u otras infecciones durante el embarazo.
- Bajo peso al nacer.
- Falta de oxígeno en el momento del parto.
- Uso inadecuado de ciertos medicamentos como aminoglucósidos, medicamentos citotóxicos, antipalúdicos y diuréticos.
- Ictericia grave durante el período neonatal, que puede lesionar el nervio auditivo del recién nacido.

Causas adquiridas. Pueden provocar la pérdida de audición a cualquier edad.

- Algunas enfermedades infecciosas como la meningitis, el sarampión y la parotiditis.
- La infección crónica del oído.
- La presencia de líquido en el oído (otitis media).
- El uso de algunos medicamentos.
- Los traumatismos craneoencefálicos o de los oídos.
- La exposición al ruido excesivo.
- El envejecimiento, en concreto la degeneración de las células sensoriales.
- La obstrucción del conducto auditivo producida por cerumen o cuerpos extraños.

FACTORES DE RIESGO DE LA SORDERA.

Factores que pueden dañar o iniciar la pérdida de células ciliadas y células nerviosas en el oído interno:

Edad. Con el transcurrir del tiempo las delicadas estructuras internas del oído se van degenerando.

Exposición a ruido fuerte. Los sonidos intensos pueden dañar las células del oído interno. Sucede por una exposición continua (realizar un trabajo ruidoso sin la protección adecuada o la escucha continua de música a un volumen elevado) o como consecuencia de un sonido fuerte en un corto periodo de tiempo, como el disparo de una escopeta o la utilización de fuegos artificiales.

Factores hereditarios. La configuración genética puede hacer que una persona sea más susceptible al daño en el oído por sonidos fuertes o tenga un mayor deterioro por la edad.

Algunos medicamentos. Existen en el mercado farmacéutico determinados medicamentos que la persona sorda debe evitar ya que, ejercen sobre el oído un efecto nocivo transitorio o definitivo. Los medicamentos que no debiera consumir una persona sorda son los antibióticos de la familia de los aminoglucósidos que son los siguientes: **la estreptomicina** o **la quinina**.

Algunas enfermedades. Algunas enfermedades infecciosas, como la meningitis o el sarampión, que causan fiebres altas, pueden dañar las células de la cóclea.

Síntomas de la Sordera
Dificultad para entender palabras, especialmente cuando hay ruido de fondo o en un grupo de personas.

Pedir con frecuencia a los interlocutores que hablen más despacio, que vocalicen y aumenten el volumen.

Las voces de otras personas suenan como murmullos o mal articuladas.

Necesidad de aumentar el volumen de la televisión o de la radio.

Dificultad para escuchar determinadas consonantes

Si la pérdida auditiva se produce en un solo oído, también se encontrarán dificultades para localizar de donde provienen los sonidos.

No participar en conversaciones o evitar reuniones sociales por miedo a no poder comunicarse bien.

Sensación de estar perdiendo el equilibrio o mareado (más común con la enfermedad de Ménière).

Sonido de campaneo o zumbido en los oídos (Tinnitus).

En el caso de las Otitis, en la forma aguda de la enfermedad existe dolor de oído (otalgia), fiebre e irritabilidad o autofonía (oírse en exceso la propia voz).

En la exploración otológica solo se observan alteraciones en aquellos casos relacionados con traumatismos (ej. rotura de la membrana timpánica) o con otitis (salida de líquido a través del conducto auditivo externo o signos inflamatorios).

CAPITULO VI
CÓDIGO DE ÉTICA

El Código de Ética del Registro de Intérpretes

Es importante destacar que en Costa Rica aún no existe un código de ética autóctono; el código utilizado por varios países de Latinoamérica, incluyendo Costa Rica, es el Código de ética del Registro de Intérpretes (R.I.D., Registry of Interpreters for the Deaf). Este es el código que los intérpretes profesionales usan en los Estados Unidos de Norteamérica. Es importante conocerlo, ya que sus lineamientos son imperativos para todos los intérpretes.

¿QUÉ ES EL CÓDIGO DE ÉTICA?

Es el mecanismo por el cual el público está protegido en la entrega del servicio.

➤ **Confidencialidad:**
Todo trabajo se debe considerar como confidencial a menos que se indique lo contrario.

➤ **Profesionalismo:**
Esto implica desde la utilización del código de ética apropiado
hasta solo aceptar trabajos de interpretación para los que están
calificados para realizar.

➤ **Distancia Profesional:**
No debe haber ningún involucramiento o interacción con ninguna de las partes durante el proceso.

> **Imparcialidad:**

No se debe tomar partido por ninguna de las partes; la información debe compartirse íntegra y completa, tal como está emitida.

Incluyo también el significado de lo que es un intérprete de Lengua de Señas, su rol y características principales, como también el perfil que debe tener, aplicable a cualquier profesional o persona que este en proceso de convertirse en un intérprete de lengua de señas:

¿QUÉ ES UN INTÉRPRETE DE LENGUA DE SEÑAS?

Podría definirse como aquel profesional competente en las lenguas de señas y las lenguas orales de su entorno, capaz de interpretar los mensajes emitidos en una de esas lenguas a su equivalente en otra de forma eficaz.

Interpretar

Es un acto de comunicación que consiste en verter el contenido de un mensaje original emitido en una lengua determinada a otra comprensible para el receptor (Lara Burgos, P; Santos Rodríguez, E.,2004:47).

El intérprete debe poseer:

- *Competencia en las dos lenguas que tienen diferentes estructuras y estrategias.*
- *Capacidad de comprensión y razonamiento de la interacción.*
- *Conocimientos socioculturales y competencias de comunicación profundos.*
- *Percepción de variedades de lengua.*
- *Habilidad de concentración y atención.*
- *Dosis de tacto y sentido común, resistencia y flexibilidad.*

La principal función de un intérprete de lengua de señas es igualar la situación de comunicación entre las personas sordas usuarias de la lengua de señas y las personas no competentes en la misma.

Características personales de los Intérpretes de Lengua de señas.

• Flexibilidad

Capacidad para adaptarse a distintas situaciones y contextos culturales y lingüísticos. Se encontrará con **personas sordas** cuya **única comunicación** se basa en **gestos naturales**, otras con **lengua de señas básica** y otras con **lengua de señas elevada**.

También dentro de los oyentes encontrará muchos niveles.

Si no conoce al usuario, antes de interpretar conviene comunicarse un poco con él, para adaptar la interpretación a ese usuario en concreto, preguntando ¿eres usuario de lengua de señas? ¿prefieres apoyo labial?...

• Autocontrol

El intérprete requiere de mucha templanza en la situación de interpretación, que generalmente implica una tensión grande y mucha responsabilidad. El intérprete tiene que estar preparado para que la tensión y los imprevistos no le bloqueen en la interpretación.

• Distancia Profesional

El intérprete no debe implicarse emocional y afectivamente en la situación de interpretación, pero tampoco mostrarse distante.

No debe involucrarse, aunque la situación le parezca dolorosa o injusta, si no mantenerse al margen. Su papel es el de un mero transmisor de la información, no tiene que solucionar problemas a nadie, sólo interpretar de forma exacta.

• Discreción

El intérprete debe tener claras sus funciones y limitaciones tratando de ser lo más invisible posible. El intérprete es algo accidental en ese encuentro comunicativo, es un mero transmisor de la información.

Debe dar la sensación de que la persona sorda y la persona oyente se están comunicando directamente, como si no hubiera un intérprete. El intérprete nunca es protagonista del encuentro comunicativo.

• Respeto

Respetar a todas las personas y tener en cuenta la dignidad personal de cada uno, respetándola siempre.

Características Intelectuales

• Concentración

Capacidad de mantener la atención de forma constante, sin que le afecten las interferencias.

• Memoria

Es necesario retener en la memoria a corto plazo la máxima información durante el tiempo necesario para interpretarla (M.C.P.). La memoria a largo plazo (M.L.P.) es importante porque ayuda a recordar acontecimientos pasados, aumentar el bagaje de cultura general y en general de información que contextualiza el trabajo y hace que la interpretación sea más eficaz.

• Agilidad y fluidez verbal

Durante el proceso de interpretación existe una gran presión por el tiempo.

Por eso es necesario la agilidad mental para ordenar el pensamiento, extraer ideas principales, secundarias, ser capaz de razonar y ordenar el pensamiento de forma ágil y rápida, buscar sinónimos, interpretar metáforas, aprovechar perífrasis (Se llama perífrasis verbal dos verbos unidos que no podemos separar: y que siempre funcionan semántica y sintácticamente como una unidad. Siempre tenemos un verbo auxiliar -el que va conjugado- y otra forma o "verbo principal" el que va en infinitivo, gerundio y participio).

Además, es frecuente que entre las dos exista algún tipo de nexo o adposición.

Características Éticas:

• Sentido de la responsabilidad
Tener cuidado y atención con lo que se hace.
Obligación moral de cumplir con las obligaciones.
Preparar adecuadamente el trabajo.
Ser puntual.
Realizar bien el trabajo, independientemente de la remuneración económica.

• Tolerancia
El intérprete sólo interpreta la información.
Respeta a todos los usuarios del servicio.
No juzga las situaciones o personas implicadas en el proceso comunicativo.

• Humildad
El intérprete debe tener humildad suficiente como para reconocer límites y equivocaciones propias. Necesita humildad para aceptar una crítica constructiva por parte de los compañeros de trabajo y clientes.

Vestimenta De un intérprete de lengua de señas

1. Maquillaje natural.
2. Vestimenta acorde a la actividad ni más ni menos.
3. Accesorios: se permite usar solo aretes pequeños o pines identificativos.
4. Rostro descubierto.

5. Uñas naturales.
6. Ropa lisa, oscura y de tono opuesto al tono de piel.
7. Expresión facial vital para una buena comunicación.

Diferencia entre intérpretes y traductores.

Intérpretes

1. Los intérpretes convierten material hablado de un idioma a otro idioma.
2. Tienen tiempo muy limitado para convertir el mensaje a otro idioma.
3. No puede usar diccionarios de conceptos, de sinónimos y antónimos ni otros materiales de referencia.
4. Deberían ser capaces de interpretar en ambos idiomas.
5. Usan habilidades de audición y habla al mismo tiempo.

Traductores

1. Los traductores convierten material escrito de un idioma a otro idioma.
2. Tienen una cantidad considerable de tiempo para traducir un texto.
3. Pueden usar diccionarios de conceptos, sinónimos y antónimos, así como otros materiales de referencia.
4. Podría no requerir traducir en ambos idiomas.
5. Usa habilidades de lectura y escritura, pero no simultáneamente.

LA LEGISLACIÓN

Es de mi interés mencionarles que, en nuestro país, la Asamblea Legislativa ha aprobado **leyes** y convenios internacionales que reconocen y garantizan los derechos de las personas con discapacidad, entre ellas las personas sordas.

Recuerdo que, en el año 1996, cuando aún cursaba el adiestramiento de intérpretes de la Universidad de Costa Rica, se aprobó por primera vez la **Ley 7600,** *Ley de Igualdad de Oportunidades para las Personas con Discapacidad*, en mi rol como interprete fui contratada por el llamado en aquel momento *Consejo Nacional de Rehabilitación y Educación Especial*, para realizar un recorrido a nivel nacional en la promulgación de esta Ley, esta experiencia me impactó muchísimo y me dio la gran oportunidad y privilegio de conocer a más personas sordas de diferentes lugares, y provincias del país, experiencia que fue muy enriquecedora, y me ayudó a darme cuenta de las grandes luchas y necesidades de la población sorda en Costa Rica; a través de esa interacción pude enterarme de muchas situaciones de violencia, de discriminación y rechazo hacia esta comunidad, encontré a personas sordas frustradas por no haber tenido la oportunidad de estudiar, dado que el Ministerio de Educación de nuestro país no contaba con un programa adecuado para la educación del sordo, situación que sigue vigente, también conocí personas sordas analfabetas y sin la posibilidad de su derecho a una educación que se adapte a sus necesidades. En nuestro país hay muchos lugares que aún no tienen accesibilidad de maestros preparados en lengua de señas para los sordos. Esto violenta sus derechos como ciudadano.

Además de hallar tantas barreras, la gran cantidad de personas sordas que viven en condiciones de pobreza extrema es muy amplia, y esto aumenta cada vez más la imposibilidad de poder surgir. Hoy todavía seguimos con las mismas falencias, aunque debo mencionar que nuestro país ha ido avanzando en cuanto al reconocimiento de los derechos de las personas sordas, de su lengua como patrimonio y de la necesidad de hacer conciencia en las instituciones públicas y privadas de la necesidad que tienen las personas sordas de contar con un intérprete, de esta manera tener acceso a la información y comunicación en su propia lengua.

Con la aprobación de la **Ley No 7600**, *Igualdad de oportunidades para las personas con discapacidad*, se declara en el artículo 1 que es de interés público el desarrollo integral de la población con discapacidad, en iguales condiciones de calidad, oportunidad, derechos y deberes que el resto de la población.

Asimismo, en sus artículos 50 y 51 se señala que las instituciones públicas y privadas deberán garantizar que la información dirigida al público sea accesible a todas las personas, según sus necesidades particulares. Los programas informativos trasmitidos por los canales de televisión, públicos y privados deberán contar con los servicios de apoyo, como interpretes en lengua de señas o mensajes escritos en la pantalla, que les garantice a las personas sordas el derecho de su acceso a la información. Es importante aclarar que, para un porcentaje alto de sordos, la inclusión de subtítulos no es suficiente, ya que no comprenden el castellano escrito y para ellos es el equivalente a un hispanoparlante intentando leer una lengua distinta al castellano que no domina. Por ello siempre el intérprete será preferible.

Por otra parte, en 2008 se aprobó la convención sobre los ***derechos de las personas con discapacidad*** de la Organización de Naciones Unidas, bajo el número de **Ley 8661**. En su artículo 2, se define como lenguaje tanto el oral como la lengua de señas y otras formas de comunicación no verbal; y en el artículo 21, los estados parte (como es el caso de Costa Rica) se comprometieron a aceptar y facilitar la utilización de la lengua de señas, así como modos, medios y formatos de comunicación accesibles para las personas con discapacidad.

En el año 2012 se aprobó la **Ley No 9049**, que reconoce la Lengua de Señas costarricense (Lesco) como lengua materna de la comunidad sorda de nuestro país. Dicha ley fue derogada en el año 2020, con la aprobación de la **Ley No 9822**, Reconocimiento y Promoción de la Lengua de Señas Costarricense (Lesco), que fue presentada en la Asamblea Legislativa (el Congreso de la República de Costa Rica) por mi persona en representación de la ***Asociación Comunidad de Personas Sordas para la Innovación***, que nació del proyecto inicial denominado ***Rompiendo las Barreras del Silencio***, y que fue presentada en dicha instancia el 18 de abril del 2018, y años después sin saber que yo iría a ser empleada del congreso, Dios me sorprende pues en 2020, esta ley es aprobada bajo el expediente número 20,767 en primer debate, el 4 de febrero del 2020, y en segundo debate el 11 de febrero del mismo año, convirtiéndose en ley de la República de Costa Rica. Dios no solo me dio la oportunidad de ser parte en este proceso al impulsarla, obviamente con el apoyo de una mayoría de los diputados de la República, el equipo de personas sordas del ministerio ***Rompiendo las Barreras del Silencio*** y otras personas de la comunidad sorda y oyente que aportaron, además del equipo de abogados y asesores de la fracción política que llevó a cabo el progreso y desarrollo de esta ley para su aprobación.

La ley se firmó el 29 de mayo de 2020 por el presidente de la República de Costa Rica. A esa fecha, aún está pendiente la elaboración de un reglamento que permita ejecutarla. Sin embargo, este texto ha motivado una gran movilización de los diferentes sectores en el país, entre medios de comunicación, instituciones estatales y privadas, para garantizar la inclusión de la población sorda a través de la contratación de intérpretes.

Se ha conseguido mucho y se está avanzando paso a paso, aunque falta todavía bastante camino por recorrer; en cuanto al alcance de las zonas rurales, por ejemplo, igualmente como el abrir oportunidades de estudio y trabajo para los sordos. Sabemos que con buena voluntad y fe lo vamos a lograr.

AGRADECIMIENTOS

A Dios, porque este proyecto nació en su corazón y de no haber sido así no estaría hoy contando nuestra historia.

A mi madre, Carmen Arce, por ser la inspiración para llevar a cabo este proyecto tan importante para quienes quieran trabajar y servir a la comunidad sorda de nuestro país, quien fue la que recibió este llamado para trabajar con las personas sordas y a la que le debo todo lo que soy y tengo en mi vida, por su gran amor, comprensión y paciencia.

A todas las personas sordas que, durante el camino recorrido en el ministerio con personas sordas, y en mi desempeño como intérprete, me han aportado grandes enseñanzas y aprendizajes a nivel personal y profesional.

A mi amigo Mauricio Rojas Miranda, por la dedicación, visión y creatividad para dejar el sentimiento de la visión y misión de este ministerio a través de las ilustraciones.

A mi querido esposo Marco Guzmán, a quien amo tanto, por su ayuda en la revisión del texto y la síntesis de las historias de los sordos, por haberme apoyado y animado a superarme profesionalmente y por darme su amor y comprensión durante todos estos años de servicio con la comunidad sorda, tanto a nivel profesional como a nivel personal y espiritual.

Hay muchos colaboradores sordos del ministerio que siguen con nosotras o que en años pasados contribuyeron de manera muy significativa. Tratar de mencionarles individualmente podría hacerme fallar por omisión, pero aquellas personas sordas especiales que permanecen a mi lado sabrán que me refiero especialmente a ellas, a quienes reservo un espacio especial en mi corazón.

Siento un amor profundo por las personas sordas por las cuales he luchado y lucharé hasta el límite de mis fuerzas físicas y mentales.

A mi hijo Daniel Alejandro, por ser la fuerza que me impulsa a seguir luchando por lo que tengo y por haber llenado mi corazón de mucho amor y ternura.

A toda mi familia, mi papá, y mis hermanos Hairo, Erick, Karla y Bernal, por su gran apoyo en todo sentido durante estos años de trabajo.

BIBLIOGRAFÍA

https://www.cso.go.cr/legislacion/leyes/ley_7600_rige_a_partir_del_29_05_1996.pdf

https://www.clinicbarcelona.org/asistencia/enfermedades/sordera/causas-y-factores-de-riesgo

https://cultura-sorda.org/el-lazo-azul/

http://www.fiapas.es/que-es-la-sordera

https://www.insor.gov.co/portalninos/quien-es-una-persona-sorda/

https://books.google.co.cr/books?id=SIhLFxImezoC&printsec=copyright#v=onepage&q&f=false

https://orientauditivos.files.wordpress.com/2009/11/madsen_tienes_que_ser_sordo_para_comprenderlo.pdf http://library.thinkquest.org/26209/the_poem.html (Consultada el 08 de febrero de 2022)

Ley de reconocimiento y promoción de la Lengua de señas costarricense LESCO RNA, Ley N° 9.822

Rosana Famularo. (1995) La persona con discapacidad auditiva y el intérprete en la administración pública. Instituto Nacional de la Administración pública (INAP). Buenos Aires, Argentina.
Esther De los Santos Rodríguez - María del Pilar Lara Burgos, (2004). Técnicas de interpretación de Lengua de Signos. Madrid-España. Fundación CNSE (Confederación Nacional de Sordos de España).

Consejo Nacional para el desarrollo y la inclusión de las Personas con Discapacidad, 2009. Código de Conducta Profesional para los intérpretes de la Lengua de Señas Mexicana, México DF.

Estrategias Comunicativas utilizadas por el intérprete de la Lengua de Señas Argentina Mendoza. Trabajo de Investigación inédito.
Secyt. Universidad Nacional de Cuyo. Facultad de Educación Elemental y Especial.
Equipo: **Directora: Ana M. Sisti - Codirectora: Gabriela J. Guzmán - Investigadores: Andrea Suraci - María Torre - Beatriz Pellegrini - Luis Battistelli – Adriana Gigena**

Alejandro Oviedo 2007, información General, Sordos en Costa Rica, consultado el 15 de diciembre 2021, 8:00p.m. en http//www.cultura-sorda.org/costa-rica-atlas-sordo/

¡¡TIENES QUE SER SORDO PARA COMPRENDER!!

¿Qué se siente "oír" una mano?
¡Tienes que ser sordo para comprender!
¿Qué se siente ser un niño pequeño,
en la escuela, en un aula sin sonidos
con la maestra que habla y habla y habla,
y que cuando al fin se acerca a ti,
te exige que sepas bien lo que ella dijo?
Tienes que ser sordo para comprender.

*¿O la maestra que piensa que para ser inteligente
debes primero aprender a hablar con tu voz?
Y así, obsesivamente, con las manos en tu cara
durante horas y horas, sin paciencia y sin fin,
hasta poder sacar un sonido como el que esperan.
Tienes que ser sordo para comprender.*

*¿Qué se siente cuando tiene curiosidad,
tener sed de conocimientos que puedas llamarlos tuyos,
tener un ansia grabada a fuego en tu corazón,
y preguntarle a tu hermano, a tu hermana, o a tu amigo
para que te respondan diciendo tan sólo: "Ah, nada
importante"?
Tienes que ser sordo para comprender.*

*¿Qué se siente estar de pie en una esquina
aunque no hayas hecho nada malo,
sólo por intentar decir en silencio
con tus manos al que estaba a tu lado
un pensamiento que de pronto surgió?
Tienes que ser sordo para comprender.*

*¿Qué se siente cuando te gritan,
creyendo que así te ayudarán a escuchar?
¿O no comprender las palabras de un amigo
que trata de explicarte el sentido de un chiste
y no lo entiendes?*

*Tienes que ser sordo para comprender.
¿Qué se siente si se te ríen en la cara
cuando tratas de repetir lo que se ha dicho,
sólo para demostrar que has entendido
y resulta que has leído mal sus labios
y quieres gritar "por favor, amigo, ayúdame"?*

Tienes que ser sordo para comprender.

*¿Qué se siente tener que depender de alguien que oye
para llamar a un amigo por teléfono
o llamar en nombre tuyo a una oficina
y verte forzado a compartir algo tan personal,
y después darse cuenta que tu mensaje
no fue dado con claridad?
Tienes que ser sordo para comprender.
¿Qué se siente ser sordo y estar solo en una fiesta
en compañía de quienes pueden oír,
tratando de adivinar lo que ocurre a tu alrededor,
porque allí no hay nadie que te dé una mano
mientras tratas de aprehender las palabras y las
canciones?
Tienes que ser sordo para comprender.*

*¿Qué se siente cuando en el camino de la vida
te encuentras con un extraño que abre su boca
y dice unas palabras rápidamente como si fuera una
línea,
y no puedes ni entender las miradas que te lanzan,
porque no lo conoces y te sientes perdido?
Tienes que ser sordo para comprender.*

*¿Qué se siente comprender unos dedos hábiles
que describen una escena,
unos dedos que tú entiendes y te hacen sonreír, y te
serenan,
unos dedos que te hablan de esperanza,
con la "palabra hablada" de esa mano que se mueve
y te hace sentir que tú eres parte del mundo?
Tienes que ser sordo para comprender.*

¿Qué se siente "oír" una mano?
¡Sí, tienes que ser sordo para comprender!

Willard J. Madsen
Escrito en 1971

Willard J. Madsen es sordo. Además de poeta, es lingüista y profesor jubilado de la Universidad de Gallaud.

SOBRE ESTE LIBRO

Título: "ROMPIENDO LAS BARRERAS DEL SILENCIO"

Segunda edición

Agosto, 2023

Autora: Licda. Yurlandy Hidalgo Arce

Costa Rica

Edición y corrección:

Rosa María Luna Briceño

Alemania

rosamarialuna77@gmail.com

ROMPIENDO LAS BARRERAS DEL SILENCIO *Yurlandy Hidalgo Arce*

Lámina para Recortar

Made in the USA
Columbia, SC
09 January 2024